Projects

Projecten

Klaske Havik, Hans Teerds and Gus Tielens

Editorial
Building Atmosphere

What do we mean when we speak of architectural quality?
It is a question that I have little difficulty in answering. Quality
in architecture . . . is to me when a building manages to move
me. What on earth is it that moves me? How can I get it into
my own work? . . . How do people design things with such a
beautiful, natural presence, things that move me every single
time. One word for it is Atmosphere.[1]

Remarkably, unlike in descriptions of art or music, the notion
of atmosphere remains largely unaddressed in architecture.
Atmosphere, it can be argued, is the very initial and immediate
experience of space, and thus, as in the above quote of Swiss
architect Peter Zumthor, can be understood as a notion that
addresses architectural quality. The contribution of architecture
theorist Mark Wigley to the 1998 issue of the architecture
journal *Daidalos*, dedicated to the 'construction' of atmospheres,
questioned why the notion lacks attention within the profession.
He argued that the discussion of atmosphere in architecture
entails, by definition, a certain ambiguity. After all, atmosphere
is something personal, vague, ephemeral and difficult to capture
in text or design, impossible to define or analyse. Atmosphere,
Wigley says, is precisely that which evades analysis. Although
atmosphere can perhaps be seen as the essence of architecture,
it is not easily defined, let alone constructed or controlled.[2] Today,
15 years after the publication of this inspiring issue of *Daidalos*,
the theme has lost none of its relevance. On the contrary, after
a period in which 'programme', 'data' and 'image' reigned
supreme, we are witnessing a renewed search for atmosphere in
many contemporary architecture practices.
      Indeed, as Wigley suggested, in making this issue of
OASE we experienced that such questions lack 'easy' answers.
Nevertheless, just as Argentine poet Jorge Louis Borges said of
poetry that it cannot be defined but can be recognised, in fact
that we can only truly know it when we are unable to define it,[3]
atmosphere too is a phenomenon that, though difficult to
pin down, at least can be identified intuitively. Using the notion
of intuition inherently suggests that atmosphere is part of what
can be called common sense: knowledge and experience embedded in a larger community, able to be shared and exchanged.
Atmosphere exists where architecture, beyond its autonomous
trajectory, its technical apparatus, and its programmatic approach, is connected with the surpassing of daily use. And by
doing so it bridges the gap between professionals and laymen,
since it affects both. Atmosphere delivers, moreover, a conscious
experience of room, place, space – an experience that lasts.[4]

1
Peter Zumthor, *Atmospheres:
Architectural Environments – Surrounding
Objects* (Basel: Birkhäuser, 2006), 11.

2
Mark Wigley, 'Architecture of
Atmosphere', in: *Constructing
Atmospheres*, *Daidalos*, no. 68 (1998).

3
'We might say that we know something
only when we are unable to define it. . . .
This is what we know what poetry is. We
know it so well that we cannot define it.'
– Jorge Luis Borges, from the Charles
Eliot Norton Lectures 1967-1968, in: *This
Craft of Verse* (Cambridge, MA: Harvard
University Press, 2000).

4
Compare with Gerard Visser, *De druk
van de beleving: Filosofie en kunst in
een domein van overgang en ondergang*
(Nijmegen, Uitgeverij SUN, 1998).

Klaske Havik, Hans Teerds en Gus Tielens

Redactioneel
Sfeer bouwen

Wat bedoelen we als we spreken over architectonische kwaliteit? Het is moeilijk die vraag te beantwoorden. Kwaliteit in architectuur (...) voor mij is dat wanneer een gebouw erin slaagt me te raken. Maar wat bepaalt in vredesnaam of ik wel of niet geraakt wordt? En hoe krijg ik zoiets in mijn eigen werk voor elkaar? Hoe ontwerpen mensen objecten met zo'n mooie, natuurlijke aanwezigheid? Een woord hiervoor is sfeer.[1]

In tegenstelling tot de beschrijving van kunst of muziek blijft het begrip sfeer in de architectuur grotendeels buiten beschouwing. De ervaring van de ruimtelijke kwaliteit wordt er echter in eerste instantie door bepaald. Het architectuurtijdschrift *Daidalos* wijdde onder de titel 'Constructing Atmospheres' in 1998 een nummer aan sfeer. Mark Wigley stelde hierin dat het spreken over sfeer in architectuur per definitie met een zekere dubbelzinnigheid gepaard gaat. Immers, sfeer is persoonlijk, vaag, ongrijpbaar en moeilijk vast te leggen in tekst of ontwerp. Het is niet te definiëren of te analyseren. Sfeer, zegt Wigley, is nu juist precies wat aan analyse ontsnapt. Hoewel sfeer wellicht de kern is van architectuur, is hij niet eenvoudig te construeren of te controleren.[2] 15 jaar na verschijning van dit inspirerende nummer van *Daidalos* blijkt het thema geenszins aan relevantie te hebben ingeboet. Integendeel, na een periode waarin 'programma', 'data' en 'beeld' hoogtij vierden, zien we in veel hedendaagse architectuurpraktijken een hernieuwde zoektocht naar sfeer.

En inderdaad, zoals Wigley suggereerde, merkten ook wij bij het werken aan dit *OASE*-nummer, dat er geen eenvoudige antwoorden zijn. Zoals de Argentijnse dichter Jorges Borges over poëzie stelde dat ze niet te definiëren, maar wel te herkennen is, dat we haar pas werkelijk kennen als we niet in staat zijn haar te definiëren,[3] is ook sfeer moeilijk grijpbaar, maar intuïtief wel te herkennen. Het gebruik van de term intuïtief impliceert dat sfeer ook te maken heeft met wat we wel *common sense* noemen: kennis en ervaring die is ingebed in een groter collectief, en die daardoor gedeeld en uitgewisseld kan worden. Sfeer bestaat waar architectuur, los van haar autonome positie, haar bouwkundige realiteit en programmatische aspecten, verbonden is met het dagelijks gebruik. Daarmee overbrugt het begrip sfeer de kloof tussen experts en leken: het beïnvloedt immers beiden. Sfeer biedt een bewuste beleving van ruimten en plekken – een ervaring die je bijblijft.[4]

Ook de voorbereidingen voor deze *OASE* begonnen met intuïtie. Omdat de vragen die we in dit nummer wilden opwerpen – zoals hoe sfeer aanwezig is in en door middel van architectuur, of hoe

1
Peter Zumthor, *Atmospheres: Architectural Environments – Surrounding Objects* (Basel: Birkhäuser, 2006), 11.

2
Mark Wigley, 'Architecture of Atmosphere', in: *Constructing Atmospheres, Daidalos*, nr. 68 (1998).

3
'We might say that we know something only when we are unable to define it. (…) This is what we know what poetry is. We know it so well that we cannot define it.' Jorge Luis Borges, uit de Charles Eliot Norton Lectures 1967-1968, in: *This Craft of Verse* (Cambridge, MA: Harvard University Press, 2000).

4
Vergelijk: Gerard Visser, *De druk van de beleving. Filosofie en kunst in een domein van overgang en ondergang* (Nijmegen: SUN, 1998).

Likewise, the process of this issue of *OASE* started from intuition. Since the questions we want to raise in this issue, such as how atmosphere is present in and through architecture, and how architects can construct atmospheres, cannot be answered in a mere rational sense, we have felt that the best way to prepare for the conversations is to investigate our own intuitive associations with atmosphere by collecting photographs and words from our own memory and experience. We started to collect, roam around, and read. We gradually sketched around the topic, in words and images, and only slowly did things fall into place. Old places visited, the reflection of water, a tree, stacked stones and a lady in a flower dress. The memory of movement in sand, chairs in a dark place, a curtain. A concrete house designed by Belgian architect Juliaan Lampens, hidden between trees; the tree-filtered light in the interior landscape. What intuition revealed to us, through these images, was an emphasis on material, texture and tactility, as well as on light, shadow and aging, or to put it differently, the images showed 'experiences', evoking sensory perceptions, and stirring the mind. Our personal research, investigating how atmosphere is inextricably linked with spatial experience and architectural quality, resulted in the booklet *Stepping Stones* from which a selection of images is included in this editorial. The booklet was the starting point of our conversations with the two leading voices in this issue of *OASE*: Juhani Pallasmaa and Peter Zumthor.

Both Peter Zumthor and Juhani Pallasmaa have identified atmosphere as a core theme of architecture. Finnish architect Juhani Pallasmaa argues that the experience of atmosphere can be related to the concept of spatial quality: 'The quality of a space or place is not merely a visual perceptual quality as is usually assumed. The judgement of environmental character is a complex multi-sensory fusion of countless factors, which are immediately and synthetically grasped as an overall atmosphere, feeling, mood or ambiance.'[5] Atmosphere is an essential concept for Swiss architect Peter Zumthor as well. In his text *Atmospheres* (1996) Zumthor identified a series of themes that play a role in his work in achieving architectonic atmosphere, including 'material compatibility', 'the temperature of a space', 'levels of intimacy' and 'architecture as environment'.[6] The two architects address atmosphere in different ways: while Pallasmaa reflects on the relation of atmosphere with other crucial aspects of architectural experience in a theoretical sense, Zumthor directly uses atmosphere as a guiding principle in his architectural practice. For this issue, *OASE* invited Peter Zumthor and Juhani Pallasmaa to engage in a conversation about 'building atmosphere'.

With Juhani Pallasmaa, who we visited in his office in Helsinki around midsummer 2013, we discussed how atmospheres are constructed in, for instance, painting, literature and music, adjoining professional fields that, according to him, reveal much of the essences of the field of architecture. Concerning the role of

5
Gernot Böhme, 'Atmosphere as an Aesthetic Concept', in: *Constructing Atmospheres*, op. cit. (note 2), 112, 114. See also: Gernot Böhme, *Architektur und Atmosphäre* (Munich: Wilhelm Fink Verlag, 2006).
6
Juhani Pallasmaa, 'Space, Place and Atmosphere' lecture, Royal Academy of Art/STROOM, The Hague, 24 April 2012.

architecten sferen kunnen bouwen – niet op een eenduidige, ratio-
nale manier kunnen worden beantwoord, kozen we ervoor om
ons voor te bereiden door onze eigen intuïtieve associaties met het
begrip sfeer te onderzoeken. Dit hebben we gedaan door te putten
uit onze eigen herinnering en ervaring. We begonnen te verzamelen, dwalend en lezend door beelden en tekst. Langzaam schetsten
we onze ideeën over het thema en langzaam vielen dingen op hun
plaats. Plekken die we ooit bezochten, de spiegeling van water,
een boom, gestapelde stenen en een oude dame in een bloemetjes-
jurk. De herinnering aan beweging in zand, stoelen in een donkere ruimte, een gordijn. Een betonnen huis ontworpen door de
Belgische architect Juliaan Lampens, verscholen tussen bomen;
gefilterd licht in het betonnen landschap binnen. Wat deze intuïtieve zoektocht ons bracht was een nadrukkelijke aandacht voor
materiaal, textuur en tactiliteit, voor licht, schaduw en veroudering. De beelden toonden ons specifieke momenten, riepen fysieke, zintuiglijke ervaringen op, en zetten ons tegelijkertijd aan
het denken. Deze persoonlijke zoektocht naar de manier waarop
sfeer onlosmakelijk verbonden is met ruimtelijke beleving en
architectonische kwaliteit, mondde uit in het boekje *Stepping
Stones*, een selectie van teksten en beelden, waarvan enkele als
illustratie bij dit redactioneel zijn geplaatst. Het boekje was het
startpunt van onze gesprekken met de twee leidende figuren in dit
nummer van *OASE*: Juhani Pallasmaa en Peter Zumthor.

Pallasmaa en Zumthor hebben, elk op eigen wijze, sfeer tot het
kernthema van de architectuur benoemd. De Finse architect
Juhani Pallasmaa stelt dat de ervaring van sfeer gerelateerd kan
worden aan het begrip van ruimtelijke kwaliteit: 'De kwaliteit
van een ruimte is niet alleen een kwaliteit van visuele perceptie,
zoals gewoonlijk verondersteld wordt. De beoordeling van het
karakter van een omgeving is een complexe mengeling van waarnemingen vanuit meerdere zintuigen en ontelbare factoren die
ogenblikkelijk en gezamenlijk worden begrepen als een algemene
sfeer, gevoel, stemming of ambiance.'[5] Ook voor de Zwitserse
architect Peter Zumthor is sfeer een kernbegrip. In zijn tekst
Atmospheres (1996) beschreef hij een serie thema's die in zijn
werk een rol zouden spelen in het verkrijgen van architectonische
sfeer, waaronder 'materiële compatibiliteit', 'de temperatuur van
een ruimte', 'niveaus van intimiteit' en 'architectuur als omgeving'.[6] Beide architecten benaderen sfeer vanuit een verschillend
perspectief. Terwijl Pallasmaa reflecteert op sfeer in relatie tot
andere cruciale aspecten van de architectonische ervaring vanuit
een theoretisch vertrekpunt, wendt Zumthor sfeer meteen aan
als een leidend principe in zijn architectuurpraktijk. *OASE* vroeg
beide architecten voor dit nummer bij te dragen aan een conver-
satie over 'sfeer bouwen'.

Met Juhani Pallasmaa, die we in de zomer van 2013 op zijn
bureau in Helsinki bezochten, bespraken we hoe sfeer geconstrueerd wordt, bijvoorbeeld in schilderijen, literatuur en muziek,
verwante professionele vakgebieden die volgens hem veel van

5
Gernot Böhme, 'Atmosphere as an
Aesthetic Concept', in: *Constructing
Atmospheres*, op. cit. (noot 2), 112, 114.
Zie ook: Gernot Böhme, *Architektur und
Atmosphäre* (München: Wilhelm Fink
Verlag, 2006).

6
Juhani Pallasmaa, 'Space, Place and
Atmosphere' lezing, Koninklijke
Academie voor Beeldende Kunsten/
STROOM Den Haag, 24 april 2012.

the architect, Pallasmaa identified a need for a certain balance between naivety and expertise to develop a sensibility for atmospheres – which may very well be, as he stated during the interview, our sixth sense. In any case, Pallasmaa argued, atmosphere is immediately experienced as a unity, in which all senses are simultaneously at work. The experience of atmospheric quality in architecture, then, is by definition an embodied experience. However, since architecture is subject to use, atmosphere is by no means a merely individual task. Pallasmaa noted, moreover, that it is crucial for architects to empathise with users, clients and other perceivers of architecture, no matter how anonymous or distant they may seem. He thus considered, next to embodiment, compassion as a necessary skill for architects to be able to build atmosphere. In addition to this interview, Pallasmaa shares his experience of Frank Lloyd Wrights Taliesin West studios in Arizona, where he resided for some months in 2012-2013. He reflects on the atmospheric qualities of the work of Frank Lloyd Wright, using the word orchestration 'to emphasise his intuitive manner of integration through similarity and contrast into a unified, but dynamic unity, as in musical counterpoint'.

In the winter of 2013, we visited Zumthor in his atelier in the Swiss mountain village Haldenstein. During a day at his office we witnessed the modus operandi of the atelier, literally following Zumthor in his daily practice, joining him on a tour through the office, and took part in numerous small project discussions with Zumthor and his team around models and drawings. The transcription of this visit, published in this *OASE*, describes how themes such as landscape, character, materiality and reality guide the building of atmosphere in his projects. It becomes clear that these themes are not conceptually approached and discussed: rather, they are embedded in the way of making. Models play a prominent role in this making. While the visit to Haldenstein is portrayed in an anecdotic mode, offering the reader a close, almost participatory view of the way 'atmospheres' are built in the Zumthor office, in an added article written by Mathieu Berteloot and Véronique Patteeuw *OASE* also presents a theoretical investigation that distinguishes a number of guiding principles in Zumthor's work though the use of models.

While the conversations with Zumthor and Pallasmaa form the guidelines of the issue, presenting both a reflective (Pallasmaa) and an operational (Zumthor) architectural view, this issue also delves further, in a theoretical sense, into the definition of atmosphere as a dynamic interaction among objective architectonic aspects and their subjective perception. To achieve this *OASE* introduces the German philosopher Gernot Böhme as a third voice in the conversation.

Böhme, in the aforementioned issue of *Daidalos*, argued that atmosphere may be a conjunction of personal and emotional impressions of space, but this conjunction is reproduced by the objective assembly of materials, spatial proportions, the

de essentie van architectuur laten zien. Met betrekking tot de rol van de architect ziet Pallasmaa de noodzaak voor een bepaalde balans tussen naïviteit en expertise om gevoeligheid voor sfeer te ontwikkelen – iets dat volgens hem zelfs ons zesde zintuig genoemd zou kunnen worden. In ieder geval stelt Pallasmaa dat sfeer direct als een eenheid ervaren wordt, waarin alle zintuigen gelijktijdig aan het werk zijn. De beleving van de sferische kwaliteit in architectuur is daarom per definitie een lichamelijke ervaring. Niettemin is architectuur onderworpen aan gebruik en is sfeer daarom in geen geval uitsluitend een individuele aangelegenheid van de architect. Pallasmaa benadrukt dat het voor architecten cruciaal is empathie op te brengen voor gebruikers, opdrachtgevers en andere waarnemers van architectuur hoe anoniem of onzichtbaar ze mogen lijken. Hij beschouwt, naast de fysieke, zintuiglijke waarneming, mededogen als noodzakelijk talent voor architecten die sfeer willen bouwen. Aanvullend op het interview beschrijft Pallasmaa zijn ervaring van Frank Lloyd Wright's Taliesin West studio's in Arizona, waar hij in 2012-2013 een paar maanden verbleef. Hij reflecteert op de sferische kwaliteiten van het werk van Frank Lloyd Wright door middel van de term orkestratie, waarmee hij de intuïtieve manier duidt waarop Wright gelijkenis en contrast samenbrengt in een weliswaar harmonieuze, maar toch dynamische eenheid – als in een muzikaal contrapunt.

We bezochten Peter Zumthor in de winter van 2013 in zijn atelier in het Zwitserse bergdorp Haldenstein. Gedurende een dag waren we getuige van de 'modus operandi' van het atelier in Haldenstein, door Zumthor letterlijk te volgen in zijn dagelijkse praktijk. Via een uitgebreide ronde door het bureau namen we deel aan discussies met hem en zijn team rondom de modellen en tekeningen van verschillende projecten. De weergave van dit bezoek, gepubliceerd in deze *OASE*, beschrijft hoe thema's als landschap, karakter, materialiteit en realiteit richting geven aan het bouwen van sfeer in zijn projecten. Het wordt duidelijk dat deze thema's niet conceptueel benaderd en bediscussieerd worden, eerder zijn ze verankerd in de manier van het maken. Maquettes spelen een prominente rol in dit maakproces. Het bezoek aan Haldenstein is op een anekdotische manier geportretteerd, waardoor de lezer een intieme, bijna participerende kijk krijgt op de manier waarop sferen gebouwd worden in het bureau van Zumthor. Daarnaast bevat dit nummer van *OASE* ook een artikel van Mathieu Berteloot en Véronique Patteeuw in de vorm van een theoretisch onderzoek naar de sturende principes in Zumthor's werken met maquettes.

Terwijl de gesprekken met Pallasmaa en Zumthor de leidraad van het nummer vormen, met de reflectieve houding van Pallasmaa en de operationele houding van Zumthor, graaft dit nummer ook op theoretisch vlak dieper naar de definitie van sfeer. Daartoe introduceert *OASE* de Duitse filosoof en theoreticus Gernot Böhme als derde deelnemer aan het gesprek.

aging of the materials, the connections of the materials and the connections to the place or other buildings, rhythms, light, etcetera. Atmospheres, Böhme continues, are 'characteristic manifestations of the co-presence of subject and object'.[7] The way we experience atmosphere is determined by many aspects, and as such scarcely definable, but what can be concluded is that atmosphere is first and foremost a total experience, not a mere accumulation of constituent aspects. To give room in this issue for an in-depth theoretical reflection on atmosphere, the volume includes a text from Gernot Böhme's seminal book *Architektur und Atmosphäre*. As a primer for the interviews with Pallasmaa and Zumthor, this essay forms the theoretical opening of the issue, constructing a foundation on the basis of which a definition of atmosphere as a dynamic interaction among objective architectonic aspects and their subjective perception can be drawn. Further, and following the contributions by Zumthor and Pallasmaa, Böhme reflects on the notion of atmosphere in the work of both protagonists in a separate article, especially written for *OASE*.

7
Zumthor, op. cit. (note 1), 13.

After these intuitive, theoretical and reflective investigations, this issue once more returns to the operational potential of the concept of atmosphere, urging the question of design, as in the quote of Zumthor above: 'How can I get it into my own work?'

We wondered how the interest in such an elusive concept as atmosphere relates to the concrete practice of building: How does the search for atmosphere work within the design process in relation to the notions of material, craft and detail? More specifically: Is it actually possible to build atmosphere? Therefore this *OASE* features a number of architectural projects: a church in Helsinki and one in Berlin, a social housing block in Amsterdam, and a public space in Ghent. These projects, that were chosen because of a specific materiality or program, are investigated and presented through two perspectives: an artist provides a reflection upon the spatial experience, while an architect rethinks the theme of atmosphere and design through this very project.

Where Pallasmaa uses the word orchestration when discussing the intuitive manner of integration of different parts by Frank Lloyd Wright, an analogy to music is also at stake in the church in Myyrmäki, Helsinki, a work by Finnish architect Juha Leiviskä from the 1980s. Here, the atmosphere is light, rhythmical and fragile, addressed through a poem by Klaske Havik and a reflection by Gus Tielens. An entirely different atmospheric quality than one we find in Zumthor's buildings, which are more grounded and heavy. The church in Berlin by Werner Duttman, presented by means of an essay by Vincent Kompier and a poem by Maria Barnas, is characterised by the strong material presence we also know from Zumthor's work. If atmospheric quality can be achieved in buildings embedded in a powerful landscape, such as is the case with Taliesin West, or in sacral buildings, we wondered whether attempts to build atmosphere have any

Sfeer, stelt Gernot Böhme, is weliswaar een samenspel van persoonlijke en emotionele indrukken van ruimte, maar deze ontstaat door de objectieve verzameling van materialen, ruimtelijke verhoudingen, veroudering van materialen, aansluitdetails, de relaties met de plek en met andere gebouwen, dingen als ritme, licht, enzovoort. Sferen, stelt Böhme, zijn 'karakteristieke manifestaties van de gelijktijdige aanwezigheid van subject en object'.[7] De manier waarop we sfeer ervaren, wordt bepaald door tal van aspecten en is als zodanig nauwelijks te definiëren, maar wat wel vastgesteld kan worden is dat sfeer in eerste instantie een totaalervaring is en geen optelling van deelaspecten.

7
Zumthor, *Atmospheres*, op. cit. (noot 1), 13.

Om in dit nummer ruimte te bieden aan een diepgaande theoretische reflectie op sfeer, is een tekst uit Gernot Böhme's boek *Architektur und Atmosphäre* opgenomen. Dit essay vormt, voorafgaand aan de interviews met Pallasmaa en Zumthor, de theoretische opening van het nummer. Het construeert een fundament op basis waarvan een definitie van sfeer naar voren komt als een dynamische interactie tussen objectieve architectonische aspecten en subjectieve perceptie. Bovendien reflecteert Böhme naar aanleiding van de bijdragen van Zumthor en Pallasmaa op het begrip sfeer in het werk van beide protagonisten; hij beschrijft dit in een speciaal voor *OASE* gemaakt artikel.

Na deze intuïtieve, theoretische en reflecterende onderzoeken keren we terug naar het operationele potentieel van het concept sfeer, met de vraag zoals Zumthor die zichzelf stelt in het bovengenoemde citaat: hoe krijg ik zoiets in mijn eigen werk voor elkaar?

We vroegen ons af hoe de belangstelling voor een moeilijk te vangen onderwerp als sfeer te relateren is aan de concrete architectuurpraktijk: hoe werkt de zoektocht naar sfeer binnen het ontwerpproces in relatie tot materiaal, ambacht en detail? Of meer specifiek: is het mogelijk sfeer te bouwen? Daarom toont deze *OASE* een reeks architectonische projecten: een kerk in Helsinki en een in Berlijn, een sociale-huur woningbouwblok in Amsterdam en een publieke ruimte in Gent. Deze projecten, die gekozen zijn vanwege een specifieke materialiteit of programma, worden vanuit twee perspectieven onderzocht en gepresenteerd: één bijdrage wordt geleverd door een kunstenaar die reflecteert op de ruimtelijke ervaring en één wordt geschreven door een architect die op het ontwerp reflecteert vanuit het thema sfeer.

Waar Pallasmaa het woord orkestratie gebruikt bij zijn bespreking van Frank Lloyd Wright's intuïtieve manier van samenbrengen van verschillende architectonische elementen, komt de analogie met de muziek terug in de bespreking van de Myyrmäki kerk in Helsinki, ontworpen door de Finse architect Juha Leiviskä in de jaren 1980. De lichte, ritmische en fragiele sfeer die men in deze kerk ervaart, komt naar voren in een beschrijving van Gus Tielens en een gedicht van Klaske Havik. Het is een volstrekt andere sfeer dan degene die we vaak treffen in Zumthor's gebouwen, die zwaarder en meer verankerd zijn. De kerk ontworpen door Werner Düttmann in Berlijn, hier

chance in more mundane assignments like social housing, where only limited budgets are available and the landscape or urban context does not offer much to hold on to. *OASE* editor Gus Tielens confronted her own work for a social housing block in an Amsterdam suburb with a reading by film directors Nanouk Leopold and Daan Emmen. Hans Teerds found the key to this project's atmosphere in the threshold zone between public and private, specifically in the collective entrance, indeed the primary architectural element of the entrance that Juhani Pallasmaa suggests in his interview, which allows for a moment of atmospheric experience.

Finally, architect and novelist Christophe Van Gerrewey ponders whether atmosphere, which he defines as an intimate relationship between building and man, can exist outside the private house. The recently built market hall in Ghent, designed by Robbrecht en Daem architecten and Marie-José van Hee, is a public building that provokes such a relationship. *OASE* chose to portray, by means of the work of young Belgian photographer Frederik Sadones, this building from its silent, subdued side. Indeed, the complex relationship between man and architecture – being at once mindful and embodied, simultaneously evoking energy and silence, materially grounded and touched by light, alive and ageless – is what we encountered when building this *OASE* issue on atmosphere.

beschreven in een essay van Vincent Kompier en een gedicht
van Maria Barnas, wordt weer gekarakteriseerd door de sterke
materiële aanwezigheid die we ook kennen van Zumthor's werk.
Als het inderdaad mogelijk is om een sferische kwaliteit te bereiken bij gebouwen die deel uitmaken van een krachtig landschap,
zoals bij Taliesin West, of bij gebouwen met een sacrale functie
zoals beide kerken, dan dringt de vraag zich op of pogingen
om sfeer te 'bouwen' ook enige kans hebben bij meer alledaagse
opgaven, zoals bij sociale woningbouw. Hier heeft de architect
immers te maken met krappe budgetten en is er lang niet altijd
een inspirerende landschappelijke of stedelijke context die
houvast biedt. *OASE*-redacteur Gus Tielens ging de confrontatie
aan door haar eigen werk voor een sociaal woningbouwblok in
Amsterdam te laten 'lezen' door filmmaker Nanouk Leopold en
beeldend kunstenaar Daan Emmen. In zijn essay over hetzelfde
gebouw stelt Hans Teerds dat de sleutel tot de sfeer hier ligt op
de grens, in de gevel, in de collectieve entreepartij, de overgang
tussen binnen en buiten, tussen het publieke en het private in.
Inderdaad is deze overgang één van de primaire architectonische
elementen die ruimte bieden aan een moment van sferische
ervaring, zoals Pallasmaa suggereert in het interview.

Ten slotte vraagt architect en schrijver Christophe Van
Gerrewey zich af of sfeer, die hij definieert als een intieme band
tussen mens en gebouw, kan bestaan buiten het domein van de
private woning. De recent gebouwde stadshal in Gent, ontworpen
door Robbrecht Daem Architecten en Marie-José van Hee, is
een openbaar gebouw dat wel degelijk uitdaagt tot zo'n relatie.
In dit *OASE*-nummer wordt het gebouw zelf (welhaast als
karakter) van zijn stille, teruggetrokken kant geportretteerd
door de jonge Gentse fotograaf Frederik Sadones. Uiteindelijk
is het de complexe relatie tussen mens en gebouw – tegelijkertijd
bewust en belichaamd, gelijktijdig energie en stilte opwekkend,
geaard in materiële zin en geraakt door het licht, levend en
tijdloos – die we tegenkwamen bij het bouwen van dit *OASE*-
nummer over sfeer.

Klaske Havik en Gus Tielens

Stepping Stones

Het volgende beeldessay is een selectie
van foto's uit het boekje *Stepping Stones*,
dat we maakten ter voorbereiding op de
gesprekken met Juhani Pallasmaa en
Peter Zumthor.

Klaske Havik and Gus Tielens

Stepping Stones

The following visual essay is a selection
of images from the booklet *Stepping
Stones*, which we made as a preparation
for the conversations with Juhani
Pallasmaa and Peter Zumthor.

U-Bahn, Berlin / Berlijn

Monastery, Kriva Palanka, Macedonia / Klooster in Kriva Palanka, Macedonië

Neue National Galerie, Mies van der Rohe, Berlin / Berlijn

Floor of National and University Library in Ljubljana, Plečnik /
Vloer van National and University Library in Ljubljana, Plečnik

Houses in Denmark / Woningen in Denemarken

Bunker in Park Clingendael, The Hague / Den Haag

Stepping Stones

Bridge over Cypress swamp, Mississippi / Brug over cypres moeras, Mississippi

House Van Wassenhove, Belgium, Juliaan Lampens / Huis Van Wassenhove, België, Juliaan Lampens

Restaurant in Ribeira Grande, Azores / Azoren

Sfeer bouwen   Stepping Stones

Grocery store in a Romanian village / Buurtwinkel in dorp in Roemenië

Interior of country estate Dokterstuin, Curaçao /
Interieur landhuis Dokterstuin, Curaçao

Frederiksborg Housing, Jørn Utzon, Denmark /
Frederiksborg woningen, Jørn Utzon, Denemarken

Shadow wall / Schaduwmuur

Frederiksborg Housing, Jørn Utzon, Denmark /
Frederiksborg woningen, Jørn Utzon, Denemarken

Detail house and garden wall, Denmark /
Detail huis en tuinmuur, Denemarken

Gernot Böhme

Atmosphere as Mindful Physical Presence in Space

This contribution by German philosopher Gernot Böhme is a shortened version of the chapter 'Leibliche Anwesenheit im Raum' from his book *Architektur und Atmosphäre* (2006).[1]

The issue of mindful physical presence in architecture has once again become of interest for architecture today. This has to do with the subject's more general topicality, which is the product of the technological civilisation in which we live.

For the one or other analyst it may seem paradoxical that mindful physical presence today has such importance. Do we not live in the telecommunications age? Does not a growing part of our life take place in virtual spaces? So why the emphasis on the body?[2] Increasingly, social existence is defined by technological networks. We are no longer present as actual people, but as connections. Homepages, Internet addresses and mobile phones are preconditions for our being able to take part in the social game. Many professional activities no longer hinge on where the person carrying them out is actually located, as long as that person can be reached. Is this really the case, is this the future of technological civilisation? Namely a social existence without a body, or at least an existence for which mindful presence is superfluous?

Many facts suggest this is not the case. One is the fact that travel has not decreased with the expansion in telecommunications, but has instead increased. Contrary to predictions, the telephone conferences that are definitely technically feasible have not won the day. We drive or fly in order to get real face time. In addition to the extensive scale of travel, another fact is the rediscovery of the human body that occurred parallel to the development of modern technology in the twentieth century. From philosophy through to the mass practices of yoga or tai chi groups or the like, we find a new

self-understanding being articulated through the body.

The situation only seems paradoxical if one has a one-dimensional concept of the development of technological civilisation. In truth, the development is highly ambivalent and there are two ways of reading it as having two meanings. The basic conditions of our civilisation may be technological, but in this setting and in part in opposition to it, humans insist on their bodily existence and based on this define their dignity as something that should not be violated, and thus the needs for which satisfaction is expected. In this context the renewed topicality of corporeality in architecture comes as no surprise. After all, architecture is on both sides, is shaped by the progress of modern technology as much as it is by developments in human needs. Only temporarily and under certain temporal constellations can it focus on the object side, in the belief that it is actually buildings which it is tasked to make. Classical modernism was such a period, in particular Bauhaus's emphasis on the use of the straight line. Rationality, construction technology and functionality defined building in a society that seemed to be a mass society from the socialist, the Nazi and the capitalist view of things. It was of no real consequence that spaces for mindful physical presence were created, and human needs were no criterion.

Nevertheless, for architecture the current renewed serious take on the human body is a renaissance, revisiting a development that commenced at the end of the nineteenth century, kicked off by art historians. Heinrich Wölfflin established, for example, that the spatial shape of architecture was not merely a matter of what you see, but is rather experienced in and by the body, as if it were realised internally. This led to the discovery of assumed motions as key elements of architectural form. Wölfflin not only perceived the corporeal/sensory impact of

1
Gernot Böhme, *Architektur und Atmosphäre* (Munich: Wilhelm Fink Verlag, 2006), chapter 'Leibliche Anwesenheit im Raum', 114-126.
2
See, for example: Donna Haraway, *Simians, Cyborgs, and Women: The Reinvention of Nature* (New York: Routledge, 1991).

Gernot Böhme

Sfeer als bewuste fysieke aanwezigheid in de ruimte

Deze bijdrage van de Duitse filosoof Gernot Böhme is een verkorte versie van het hoofdstuk 'Leibliche Anwesenheit im Raum' uit het boek *Architektur und Atmosphäre* (2006).[1]

Het feit dat bewuste fysieke aanwezigheid weer een interessant en actueel thema wordt in de architectuur, kunnen we zien als een gevolg van onze huidige technische beschaving. Voor sommige analytici is het misschien paradoxaal dat er nu zoveel aandacht uitgaat naar dit onderwerp. Want leven we niet in het tijdperk van de telecommunicatie? Speelt ons leven zich niet in toenemende mate af in virtuele ruimten? Wat moeten we dan nog met ons lichaam?[2] Een mens profileert zijn bestaan binnen de maatschappij meer en meer aan de hand van zijn technische netwerk; hij is niet als concrete persoon aanwezig, maar als aansluiting. Homepage, internetadres en mobiele telefoon zijn vereisten om in het maatschappelijke spel mee te kunnen spelen. Voor veel werk maakt het in principe niet uit waar je je bevindt, als je maar op de een of andere manier bereikbaar bent. Is dit nu reëel, is dit de toekomst van de technische beschaving: een maatschappelijk bestaan zonder concrete lichamen of op zijn minst een bestaan waarvoor fysieke aanwezigheid niet meer noodzakelijk is?

Veel feiten weerspreken dit. Reizen bijvoorbeeld is met de ontwikkeling van de telecommunicatie niet afgenomen, maar juist toegenomen. Het verwachte grote succes van teleconferenties is uitgebleven. We nemen liever de auto, de trein, het vliegtuig: we willen samen zijn, face to face. Naast die groei van het toerisme is er ook een herontdekking van ons lichaam gaande, die zich parallel met de ontwikkeling van de moderne technologie in de twintigste eeuw heeft afgespeeld. Van de opleving van filosofie tot en met de massale belangstelling voor yoga, tai-ji en meer van dat soort cursussen, zie je een nieuw soort zelfbesef ontstaan ten aanzien van ons lichaam.

De situatie lijkt alleen paradoxaal als je een simplistische opvatting hebt van de ontwikkeling van de technische beschaving. In werkelijkheid is die ontwikkeling uiterst dubbelzinnig. De algemene condities van onze beschaving mogen dan door de techniek gestuurd zijn, maar binnen dat kader – en deels tegengesteld aan dat kader – houdt de mens vast aan zijn fysieke bestaan en definieert hij vanuit die positie zijn waardigheid, waarvoor hij respect verlangt, en zijn behoeften, die hij bevredigd wil zien. In deze context is de actualiteit van menselijke lichamelijkheid in de architectuur niet verwonderlijk. De architectuur staat toch al aan beide kanten, is gevormd door zowel de vooruitgang van de moderne technologie als de ontwikkeling van menselijke behoeften. Ze kan zich slechts tijdelijk en onder specifieke tijdsomstandigheden beperken tot het concrete bouwen, ervan uitgaande dat bouwen de hoofdtaak is. Dat was het geval in een periode als het klassieke modernisme, en dan vooral onder invloed van het Bauhaus. Rationaliteit, bouwtechnisch vernuft en functionaliteit bepaalden de architectuur in een maatschappij die vanuit socialistisch, nationaal-socialistisch en kapitalistisch oogpunt als massamaatschappij gezien moest worden. Voor betekenisvolle fysieke aanwezigheid was bij het ontwerpen maar weinig aandacht, en ook de menselijke behoeften waren geen criterium.

De huidige serieuze aandacht voor het menselijk lichaam in de architectuur is een heropleving van een ontwikkeling die al aan het eind van de negentiende eeuw op gang kwam, op initiatief van een aantal kunsthistorici. Zo stelde Heinrich Wölfflin dat ruimtelijke vormgeving niet een kwestie is van wat je ziet, maar eerder een ervaring die lijfelijk beleefd wordt, die zich ook innerlijk bij de mens voltrekt. Dat leidde tot de ontdekking van het concept van beweging als essentieel onderdeel van architectonische vorm. Wölfflin keek niet alleen naar het lichamelijke/

1
Gernot Böhme, *Architektur und Atmosphäre* (München: Wilhelm Fink Verlag, 2006), hoofdstuk 'Leibliche Anwesenheit im Raum', 114-126.
2
Zie over dit onderwerp bijv.: Donna Haraway, *Simians, Cyborgs, and Women: The Reinvention of Nature* (New York: Routledge, 1991).

existing architecture, but conversely interpreted it as an expression of a corporeal state.[3] He thus considered the major epochs in European history of architecture as manifestations of a changing self-understanding of the body. He was followed by August Schmarsow, who attempted to find a psychological basis for Wölfflin's intuitions.[4] Architecture was thus no longer characterised by its load-bearing properties, its works were judged in terms of the movement of experiencing them.

This view was first taken on board by Art Nouveau architects, with this change being outlined in August Endell's book *Die Schönheit der großen Stadt*. He wrote:

Whosoever thinks of architecture initially always thinks of the elements of the building, the façades, the columns, the ornaments, and yet all of that is of second rank. What is to most effect is not the shape, but its inversion, the space, the emptiness that spreads out rhythmically between the walls, is delimited by them, and that vibrancy is more important than the walls.[5]

Endell's words characteristically grasp the change in focus from the building to the body, from the object to the subject as a change in viewpoint from designing architectural objects to designing space. This description was more accessible to architects than Wölfflin's more phenomenological thrust or Schmarsow's psychological approach, and easier for them to put into practice. However radical the change of viewpoint, which Endell rightly calls an inversion as they are related like a negative relates to a printed image, one remained in the same dimension and in the same profession. Yet this inversion was a kind of liberation. If architecture is no longer primarily interested in the building, but in the space it creates, indoors and outdoors, then the perspective opens out essentially to the infinite, the indeterminate.

With concepts such as spatial structures that are experienced by the body, architectural form as movement, and architecture as the design of emptiness from Wölfflin to Endell, a potential was identified for architecture that has by no means been exhausted. On the contrary, it was initially buried beneath modernist functionalism, yet we can still discern at least three currents that took up these ideas and advanced them.

First of all, there is the liberation of architecture from the norm of the horizontal and vertical. This basic structure which permeates all classical architectural doctrines makes load bearing the prime pattern of architectural form, a basic form that was so natural people assumed it was rooted in the human ability to see. We now know, owing to trends in modern architecture and psychological research that this is by no means the case. New construction materials, above all steel and glass, enabled the railway stations and the artificial paradises of the greenhouses to break this pattern for the first time. This trend persists to this day and is blossoming now with steel, concrete and Perspex and other plastics. These materials make it possible to abandon the straight, the plane, the right angle, and show that architecture does not realise given spatial structures, but first and foremost constructs for human experience.

The second main strand likewise has to do with materials but demonstrates quite consciously a different relationship of architecture and space. It is primarily works by Mies van der Rohe and Frank Lloyd Wright that opened enclosed built space up to the outer world.[6] This risky step into the outdoors is what first makes space itself a theme, as in the classic construction of buildings the design of the interior space was always a co-product as it were, without any special design being necessary to this end. By contrast, the erasure of any difference of inside and outside not only exposes the

3
Wölfflin speaks of the 'body's sensation' (*Empfindung des Körpers*). See: Heinrich Wölfflin, *Die klassische Kunst* (Basel: Schwabe, [8th edition] 1968).

4
August Schmarsow, *Barock und Rokoko. Eine kritische Auseinandersetzung über das Malerische in der Architektur* (Leipzig: Hirsch, 1897).

5
August Endell, 'Die Schönheit der großen Stadt', reprinted in: *Vom Sehen. Texte, 1896-1925, über Architektur und "Die Schönheit der großen Stadt"* (Basel: Birkhäuser, 1995), 199 ff.

6
'The surrounding space becomes the natural part inside the building.' Frank Lloyd Wright, *A Testament* (New York: Horizon Press, 1957), 224.

zintuiglijke effect van architectuur, maar interpreteerde die andersom ook als uitdrukking van een fysieke conditie.[3] De grote tijdperken van de Europese architectuurgeschiedenis waren voor hem uitingen van een veranderend begrip van ons lichaam. August Schmarsow probeerde vervolgens Wölfflin's vermoedens van een psychologische basis te voorzien.[4] Architectuur werd niet langer gekenmerkt door haar dragende eigenschappen; gebouwen werden nu beoordeeld op grond van wat ze qua beweging en beleving teweegbrachten.

Deze opvatting werd voor het eerst zichtbaar bij de architecten van de Art Nouveau, een verschuiving die August Endell schetst in zijn boek *Die Schönheit der großen Stadt*. Hij schrijft:

Wie aan architectuur denkt, ziet meteen bouwelementen, gevels, kolommen en ornamenten voor zich, maar eigenlijk komt dat allemaal pas op de tweede plaats. Niet de vorm sorteert het meeste effect, maar zijn tegendeel: de ruimte, de leegte, zoals die zich ritmisch tussen de muren ontvouwt, erdoor begrensd wordt, maar waarvan de dynamiek belangrijker is dan die muren.[5]

Voor Endell is de verschuiving van gebouw naar lichaam, van object naar subject, typisch een paradigmawisseling van vormgeving van architecturale objecten naar vormgeving van ruimte. Deze benadering was voor architecten herkenbaarder en werkbaarder dan de meer fenomenologische benadering van Wölfflin of de psychologische van Schmarsow. Hoewel het gezichtspunt radicaal was gewijzigd (door Endell terecht een omslag genoemd), bleek het verschil uiteindelijk toch niet meer dan dat tussen een fotonegatief en een foto. Men bleef in dezelfde dimensie denken en op dezelfde manier werken. Toch betekende die omslag een bevrijding. Als het in de architectuur niet meer op de eerste plaats om het gebouw gaat, maar om de ruimte die erdoor tot stand gebracht wordt, zowel binnen als buiten, dan betekent dat, dat het perspectief zich als het ware opent naar het oneindige, naar het onbepaalde.

Fysieke beleving van ruimtelijke structuren, architectuur als beweging, architectuur als vormgeving van de leegte: het zijn begrippen waarmee in de tijd tussen Wölfflin en Endell een potentieel aan mogelijkheden werd aangeboord, dat nog lang niet is uitgeput. Aanvankelijk werd die bron onder het modernistische functionalisme zelfs weer afgedicht. Toch zijn er minstens drie lijnen aan te wijzen waarlangs de initiële gedachte is opgepakt en verder uitgebouwd.

Ten eerste de bevrijding van de architectuur uit het regime van horizontalen en verticalen. Deze centrale grondgedachte van alle klassieke architectuurtheorieën maakt dragen en belasten tot basis van de architecturale vorm. Dat was zo natuurlijk, dat men dacht dat het verankerd zat in de manier waarop de mens kijkt. Inmiddels is aan de hand van trends in de moderne architectuur, maar ook uit psychologisch onderzoek gebleken dat dat allerminst het geval is. Het waren nieuwe bouwmaterialen, vooral staal en glas, waarmee stationsgebouwen en kassen werden opgetrokken, die voor het eerst met dat vaste patroon braken. Die ontwikkeling zet zich tot op de dag van vandaag voort, nu met materialen als staal, beton, plexiglas en andere kunststoffen. Het loslaten van rechte lijnen, platte vlakken en haakse hoeken dat door deze materialen mogelijk wordt, toont aan dat de architectuur niet a priori ruimtelijke structuren realiseert, maar op de eerste plaats bouwt ten dienste van een menselijke ervaring.

De tweede hoofdlijn heeft ook met materialen te maken, maar laat een bewuste verandering zien in de relatie tussen architectuur en ruimte. Met name de bouwwerken van Mies van der Rohe en Frank Lloyd Wright hebben de besloten ruimte geopend en verbonden met de buitenwereld.[6] Het is eigenlijk pas deze gewaagde stap naar buiten toe, die de ruimte

---

3
Wölfflin heeft het over de *Empfindung des Körpers*. Zie: Heinrich Wölfflin, *Die klassische Kunst* (Basel: Schwabe, [8e druk] 1968).

4
August Schmarsow, *Barock und Rokoko. Eine kritische Auseinandersetzung über das Malerische in der Architektur* (Leipzig: Hirsch, 1897).

5
August Endell, 'Die Schönheit der großen Stadt', herdrukt in: *Vom Sehen. Texte, 1896-1925, über Architektur und "Die Schönheit der großen Stadt"* (Basel: Birkhäuser, 1995), 199 e.v.

6
'The surrounding space becomes the natural part inside the building.' Frank Lloyd Wright, *A Testament* (New York: Horizon Press, 1957), 224.

user to openness, but means the architect has to dare extend his structures out into nothingness as it were. To this end, the building required elements that were without any function as regards load bearing or other purposes.

The third line in which the potential of the upheaval around 1900 evolved presumably in response to the encounter with traditional Japanese architecture. Pride of place goes here to Bruno Taut, who among other things discovered the importance of the Imperial palace of Kazura outside Kyoto. Traditional Japanese architecture, with its sliding and translucent walls and the disguise of loads and load-bearing structures (roofs seem to float, columns and beams seem simply to be frames), relied on a completely different relationship to space than classical European architecture. One could say that here space is not experienced a priori as a thing, and that architecture was grasped as designing in space.

The potential of the upheaval around the turn of the twentieth century travelled along these three lines, although it seems to me this by no means exhausted it. On the contrary, we can talk of a kind of professional attempt to contain the fallout of the explosion that occurred between Wölfflin and Endell. Architects had essentially absorbed what they could without quitting the profession. This limiting of the potential is already to be discerned in Endell. For when I said that he grasped the inversion of the view like a positive/negative inversion of a photo, then in this reading the architect could remain doing what he did. It was the same space that had previously been the volume occupied by buildings that was now seen as the open space delimited by buildings and structured by their extensive lines. This was clearly not to question what space itself was. The space of geometry remained the focus, with the architect inscribing extensive or constrictive structures into it. The question on the space of physical presence, which Wölfflin had basically already asked, went completely unaddressed. The architect's task remained, for all the inversions, to work on large sculptures people could step into.

The Space of Mindful Physical Presence
In European culture there are essentially two spatial concepts that can be linked to the

names of great philosophers, but which were also described in mathematics. Aristotle devised the concept of space as *topos* (place), while Descartes defined space as *spatium*, distance. Mathematically, topology is the science of a diversity with relations to location and surroundings, and geometry the science of a diversity with metric relations. Aristotle defines space qua *topos* as the inner surface of the surrounding body. Space in this sense is mainly delimited, something in which something else is located, the place. The diversity of places forms regions that mutually surround one another. Space in the sense of *spatium* is the distance between bodies. It is distance that you can walk through, or volume that is filled.

Both concepts, *topos* and *spatium*, and this links them, primarily refer to bodies. Bodies delimit space, space is the extension of bodies, their measure. Space is where bodies find their place and through which bodies move. This view of space, and I shall summarise it as the geometrical one, is in a sense the natural one for architecture, as it has to do with the creation of bodies, namely the erection of buildings. Does this cover the discovery of space as the real theme of architecture as occurs from Wölfflin to Endell? Is space construed here as *topos* or as *spatium*, space as the sphere of human presence? Or conversely is mindful physical space the space of geometry?

Without doubt, humans are bodies among other bodies. And are therefore subject to the laws of corporeality, for instance that two bodies cannot be in the same place, that they move through space according to the laws of mechanics, etcetera. Humans have to live and clearly treat themselves as bodies, must avoid collisions with other bodies when moving, and accomplish re-locations that require energy inputs and are subject to the laws of turpitude and friction. Viewing humans as bodies among bodies is simply to view them as objects, even if they consider themselves as objects. Then, however, the space is structured by other bodies as *topos* or *spatium*. And then the structures of space are for him geometrical structures.

Sensibilities and Sensitivities
What does physical presence mean and what does designing spaces in which people will be physically present imply for architecture? We

voor het eerst tot thema maakte. In de klassieke bouwtraditie immers was het ontwerp van de binnenruimte altijd min of meer een coproduct, waarvoor geen speciale ontwerpinspanningen nodig waren. Het opheffen van de scheiding tussen binnen en buiten confronteert niet alleen de gebruiker met openheid, maar dwingt ook de architect om zijn structuren als het ware tot in het niets te continueren.

De derde lijn is waarschijnlijk mede beïnvloed door de kennismaking met de traditionele Japanse architectuur. Bruno Taut bijvoorbeeld ontdekte de betekenis van de keizerlijke villa van Katsura bij Kyoto. De klassieke Japanse architectuur kent met haar transparante schuifwanden en het verhullen van dragende elementen – daken lijken te zweven, kolommen en balken vormen frames – een heel andere relatie tegenover de ruimte dan de klassieke Europese architectuur. Je zou kunnen zeggen dat ruimte hier niet a priori wordt ervaren als een ding, maar werd begrepen als 'vormgeving in de ruimte'. Langs deze drie lijnen werden nieuwe mogelijkheden onderzocht, hoewel niet uitputtend. Je kunt zelfs beweren dat de beroepsgroep de schade die Wölfflin en Endell met hun explosie hebben veroorzaakt, beperkt heeft willen houden. De architecten zijn aan de slag gegaan met wat zij haalbaar achtten, zonder hun vertrouwde vakgebied te verlaten. Dat beperkte blikveld is overigens ook al bij Endell te bespeuren. Eerder schreef ik dat hij de paradigmawisseling zag als een wisseling tussen foto en fotonegatief, een interpretatie die de architect de gelegenheid gaf om toch maar bij zijn leest te blijven. Dezelfde ruimte die eerst door gebouwen werd opgevuld, werd nu gezien als een open ruimte die door gebouwen werd begrensd en gestructureerd door omtrekslijnen. Maar de vraag wat die ruimte zelf inhield, werd helemaal niet gesteld. Centraal stond nog altijd de geometrische ruimte, waar de architect op de tekentafel zijn grotere of kleinere structuren inschreef. Met de vraag naar de ruimte van bewuste fysieke aanwezigheid, die in principe al door Wölfflin was gesteld, werd in de praktijk nog helemaal niets gedaan. De architect bleef, ondanks alle nieuwe gezichtspunten, werken aan grote sculpturen die mensen konden betreden.

Ruimte van bewuste fysieke aanwezigheid

De Europese cultuur kent in wezen twee concepties van het begrip ruimte, die terug te voeren zijn op een aantal filosofen, maar ook beïnvloed zijn door de wiskunde. Van Aristoteles is de conceptie afkomstig van de ruimte als *topos*, plek; van Descartes kennen we de ruimte als *spatium*, afstand. Mathematisch beschouwd is de topologie de wetenschap van locatie- en omgevingsrelaties en de geometrie de wetenschap van metrische relaties. Ruimte in de zin van *topos* is door Aristoteles gedefinieerd als de binnenste grens van een omvattend lichaam; een begrensde ruimte, waarin zich iets bevindt, een plek. En een verzameling plekken vormt omgevingen die elkaar omvatten. Ruimte in de zin van *spatium* is de afstand tussen lichamen, een afstand die je kunt afleggen, of een volume dat gevuld kan worden.

Wat de begrippen *topos* en *spatium* met elkaar verbindt, is dat ze beide in essentie op lichamen betrekking hebben. Lichamen begrenzen de ruimte, ruimte is de voortzetting van lichamen, hun maat. Ruimte is datgene waarin lichamen hun positie hebben en waar lichamen zich doorheen bewegen. Deze opvatting van ruimte, van de meetkundige ruimte dus, is in zekere zin de natuurlijke staat van de architectuur, omdat het gaat om het scheppen van 'lichamen', namelijk het neerzetten van gebouwen. Maar begrijpen we daarmee de ontdekking van de ruimte als thema voor de architectuur door mensen als Wölfflin en Endell? Wordt de ruimte hier geconstrueerd als *topos* of *spatium*, ruimte als de sfeer van menselijke aanwezigheid? Of omgekeerd: is fysieke ruimte hetzelfde als geometrische ruimte?

De mens is zonder twijfel een lichaam tussen andere lichamen. En dus onderhevig aan de wetten van de fysica, bijvoorbeeld dat twee lichamen nooit eenzelfde plaats kunnen innemen, of dat ze zich volgens de wetten van de mechanica door de ruimte bewegen, enzovoort. Als levend wezen moet de mens in elk geval ook met zichzelf als fysiek lichaam omgaan, moet hij als hij zich verplaatst botsingen met andere lichamen zien te vermijden en moet hij bewegingen uitvoeren waarvoor energie vereist is en die onderworpen zijn aan de wetten van traagheid en wrijving. Door de mens alleen maar als lichaam tussen andere lichamen te zien, wordt hij louter als object beschouwd. In dat geval wordt de ruimte gestructureerd door andere lichamen, als *topos* of *spatium*. En is voor de mens de structuur van de ruimte een geometrische structuur.

Sfeer als bewuste fysieke aanwezigheid in de ruimte

shall see that the meaning of physical presence for architecture also entails maintaining a difference, namely that between body and mindful body. We could say that ever since the turn that arose around 1900 architecture has to this day precisely not addressed the theme of the mindful body, but treats humans merely as bodies. The notion of the human as a body must by no means be abandoned. Mindful physical presence hinges precisely on the interplay between body and mindful body.

The central concept in terms of which we shall describe the phenomenon of mindful physical presence is that of sensitivity. Sensitivity hinges on the sense one has of the space where one is. Needless to say, space is not just my sense of it, namely the mood. The space also has an objective constitution and much of what belongs to it is not part of my sensitivity. And likewise how I feel is not only defined by my sensing where I am, as my own mood always comes into play, and my body constantly brings forth feelings that shape my condition. And yet there is a mean, a link between space and sensitivity, and is in fact always virulent here. The sensitivity associated with feeling where I am at a particular point sets a kind of underlying tone, that colours all other moods that arise in me or dog me. This basic mood is something that we are as a rule not aware of, but which has an exceptional importance, even if it is played down, repressed, and thus unconscious, to the extent that it can have a psychosomatic impact through the tone of the mindful body. This is the reason why the atmospheric effect of spaces needs to be taken seriously not only for special situations, be they of a touristic or festive nature, but also for the everyday world of work, transport and living.

So what is space as the space of mindful physical presence? The key is, as indicated, atmosphere. I prefer the term atmosphere to tempered space, for the latter suggests that the space is assumed to be there as such and then tempered by a specific mood.[7] In fact, the atmosphere is the space of mindful physical presence into which one enters or finds oneself, owing to the type of experience involved. This experience is mindful physical sensation. And that sensation elaborates the space of mindful physical as opposed to bodily space. We sense expanse or confines,

we sense elation or depression, proximity or distance, we sense openness or entrapment, we sense intimations of motion. This outlines some of the basic conditions of mindful physical space such as is accessed by sensation. We could expand on this as a mindful physical alphabet, whence we could spell out the mindful physical experience of space.[8] But completeness is not important here, but rather to expound categories of spatial experience prior to all physical experience. It is also important that these categories are from the outset characteristics of sensitivity, have the quality of atmosphere. Mindful physical space is the modulation or articulation of mindful physical sensation itself. This modulation or articulation is caused by factors, however, that can be objectively enumerated and handled. We shall call them the generators of atmosphere. Architecture, to the extent that it focuses on human sensitivities that are mindfully present in their spaces, will need to focus on these generators. The latter can definitely be things, bodies, and this is after all what Wölfflin addressed with the idea of the movements suggested by architectural forms. But as our examples show there are also non-thing-like or non-corporeal generators of atmospheres, such as in particular light and sound. It bears emphasising that they too modulate mindful physical space by creating confines or expanse, direction, delimiting or transgressive atmospheres.

Atmospheres are essentially the object pole of mindful physical presence in space: The atmospheres are what one finds oneself in. Let us address where our sensitivities find ourselves: from here a far greater range of characteristics arise that can be used to describe the atmospheres. We initially described atmospheres as mindfully sensed spaces of presence more as 'spatial' categories that recur as the characteris-

7
The expression atmosphere dates back to Hermann Schmitz: *System der Philosophie. Der leibliche Raum*, volume III/1 (Bonn: Bouvier, 1967), whereas the term tempered space goes back to Elisabeth Ströker: *Philosophische Untersuchungen zum Raum* (Frankfurt am Main: Klostermann, 1965).
8
See: Schmitz, *Der leibliche Raum*, op. cit. (note 8).

Bevindelijkheid

Wat verstaan we onder fysieke aanwezigheid en wat betekent vormgeving van ruimten waarin vervolgens mensen in levenden lijve zullen verblijven? Welke invloed heeft dit op de architectuur? Binnen de architectuur heeft fysieke aanwezigheid ook te maken met verschil maken. De architectuur lijkt sinds de omslag in het denken rond 1900 nog steeds niet het thema van het bewuste lichaam te hebben opgepakt, maar de mens nog altijd gewoon als louter lichaam te beschouwen. Maar de idee van de mens als alleen maar een lichaam moet ook niet worden opgegeven, want juist het spelen met de verschillen tussen louter een lichaam en een bewust lichaam is juist wat de aard van de bewuste fysieke aanwezigheid bepaalt.

Het kernbegrip bij bewuste fysieke aanwezigheid is het woord '(be)vinden'. Het is een prachtig toeval dat dit woord besloten zit in twee begrippen die uitermate geschikt zijn om het verschijnsel lichamelijke aanwezigheid in een ruimte te beschrijven. Ten eerste is er het werkwoord 'zich bevinden', ofwel zich in een ruimte ophouden, anderzijds heb je iemands 'welbevinden', iemands stemming, hoe iemand iets vindt. Tussen die twee bestaat een verband en in zekere zin vallen ze samen: aan mijn welbevinden voel ik in wat voor soort ruimte ik me bevind.

Maar ruimte is meer dan mijn gevoel erover, of mijn stemming erbij. Ruimte is immers ook objectief. En mijn stemming wordt nooit alleen bepaald doordat ik voel waar ik me bevind, integendeel, ik zal altijd al stemmingen in mij meedragen. En toch is er een link tussen ruimte en stemming. Mijn 'bevindelijkheid', mijn gevoel ten opzichte van waar ik me bevind, is een soort basisstemming die alle andere stemmingen die ik zal ondervinden of die in mij opwellen, kleurt. Deze basisstemming, diep weggestopt in ons onderbewustzijn, is uiterst belangrijk, hoewel we er ons meestal nauwelijks van bewust zijn. Dat is de reden dat het effect van sfeer op ruimten zo serieus moet worden genomen, niet alleen voor speciale gelegenheden (een reis of een feestje) maar altijd: op het werk, in huis, tijdens het woon-werk verkeer.
Dus wat is precies de ruimte van bewuste fysieke aanwezigheid? Het sleutelwoord is 'sfeer'. Ik geef de voorkeur aan de term sfeer boven 'stemmige ruimte', omdat die laatste suggereert dat de ruimte als zodanig een gegeven is dat vervolgens nog een soort kleuring krijgt: de stemming.[7] Door sfeer ervaart men een ruimte bewust en door die gewaarwording ontstaat de ruimte die wij de bewuste fysieke ruimte (in tegenstelling tot concrete ruimte) zullen noemen. We voelen uitgestrektheid of begrenzingen, blijdschap of neerslachtigheid, nabijheid of afstand, openheid of ingeslotenheid, en we voelen beweging. Daarmee zijn enkele basiskenmerken genoemd van de bewuste fysieke ruimte die in de gewaarwording ontstaat. Als je daarop doorgaat, kun je een soort fysiek alfabet creëren waarmee je die bewuste fysieke beleving van een ruimte nauwkeurig omschrijft.[8] Maar mij gaat het hier niet om volledigheid, maar om het categoriseren van ruimtelijke ervaringen die aan elke fysieke beleving voorafgaan. Bewuste fysieke ruimte is een directe modulatie of articulatie van bewust fysiek gevoel, dat door objectieve factoren wordt teweeggebracht. Laten we ze 'sfeergeneratoren' noemen. Architectuur die rekening wil houden met de gevoeligheid van mensen in de gebouwde omgeving, zal hieraan aandacht moeten schenken. De factor sfeer kan ook van concrete, fysieke aard zijn, precies wat Wölfflin al centraal stelde met zijn idee van beweging die door een architecturale vorm wordt opgewekt. Maar zoals uit bovenstaande voorbeelden blijkt, bestaan er ook niet-concrete, niet-fysieke sfeergeneratoren, vooral licht en geluid. Ook die moduleren de bewuste fysieke ruimte door daarin grenzen, uitgestrektheid of richting aan te geven, waarmee sfeer wordt beperkt of juist uitgebreid. Met sferen hebben we de objectzijde van de bewuste fysieke aanwezigheid in een ruimte benoemd: sfeer is datgene waarin je je bevindt. Wanneer we nadenken over het begrip bevindelijkheid, kunnen we een nog veel groter scala van sfeerkenmerken benoemen. In eerste instantie hebben we sferen als bewust gevoelde ruimten vooral beschreven aan de hand van 'ruimtelijke' categorieën als

---

7
De term 'sfeer' is ontleend aan Hermann Schmitz, *System der Philosophie. Der leibliche Raum*, deel III/1 (Bonn: Bouvier, 1967). De term 'stemmige ruimte' is ontleend aan Elisabeth Ströker, *Philosophische Untersuchungen zum Raum* (Frankfurt am Main: Klostermann, 1965).
8
Zie: Schmitz, *Der leibliche Raum*, op. cit. (noot 8).

tics of sensitivity – oppressive, elevating, open, confining. As an expression of sensitivity, one would thus say I feel oppressed, I feel elevated, I feel expansive, I feel confined. Moving forward, one comes to a type of sensitivities that need not necessarily be construed spatially or rather whose spatial character is not immediately evident, such as serious, joyful, melancholic. I have of course chosen these expressions because they are those that Hirschfeld described in his theory of the art of the garden: such sensitivities were to be achieved by landscape architects when designing English landscape gardens.[9] These expressions for sensitivities can thus full well also be characteristics to describe spaces of mindful physical presence, namely atmospheres. And that applies of course not just to parks in which, so Hirschfeld says, certain moods can be encountered or that reflect one's own mood, but also for architectural spaces in the broader sense. An interior, a place, a district can seem serious, joyful, majestic, frosty, cosy, festive . . . In other words, the rich repertoire of terms we can use to describe our sensitivities also provides a broad spectrum of characteristics of atmospheres and thus of spaces of mindful physical presence. This spectrum may initially be unclear, and offer little leverage for the architect to identify the generators that imbue a space with corresponding atmospheric properties. Taking a practical angle, specifically the practice of stage design, which is accustomed to creating spaces with certain atmospheres (as a rule, the term there is 'mood') it should be possible to gain an idea of them all. I wish to propose three groups of characteristics.

The first group is that of intimations of movement in a broader sense. Here, the generators focus mainly on the geometric structures and the physical constellations that can be created in architecture. One senses them mainly as suggested movement but also as massiveness or loads, and in particular as the confines or expanse of the space of mindful physical presence.

The second large group is made up of the synesthetic. Synesthetic properties are usually seen as qualities of the senses that belong to more than one sensory field at once, so that one can speak of a sharp tone, a cold blue or warm light, and so forth. The reason for this inter-

modal character of the one or other sensory experience is that they are actually experiences of mindful senses and can therefore only ambivalently be spread across different sensory fields. This becomes clear precisely if one tackles the issue of the generators, the arrangements required to trigger the synesthetic experience.[10] For it then becomes apparent that a space can be experienced as cool because in one case it is completely covered in tiles, in another painted blue, and in a third has a relatively low temperature. Precisely this division of synesthetic properties in terms of the generators is interesting for architects. For what then counts when designing a space is not what properties he seeks to give the objective space, but what sensitivities he wishes to create for the space as the sphere of mindful physical presence.

The third group I wish to term social characteristics. In a way, the term cosiness already specified such a characteristic, namely to the extent that it can have both synesthetic and conventional components. In other words, the characteristic of cosiness could very well be culturally specific or rather what is called cosiness may be interpreted differently from one culture to the next. The social character of atmospheres becomes clearer if we speak of the atmosphere of the 1920s, of a lobby, of a petit-bourgeois interior, or of power, for example. These are characteristics that architecture is long since used to addressing. Of course, these characteristics tended to get tackled by interior designers, not by urban planners or engineers. But who would deny that architecture has always with its buildings created atmospheres of holiness or dominance. These social characteristics definitely imply the others, intimated motion and synesthetic properties for instance, but with the addition of purely conventional qualities, those associated with meanings. For example, porphyry as a material creates the atmosphere of sovereignty or, since the nineteenth century, granite is felt to exude the atmosphere of the fatherland – both depend on culturally specific

9
Christian Cay Lorenz Hirschfeld,
Theorie der Gartenkunst, 5 volumes
(Leipzig: Weidmanns Erben und Reich,
1779-1785).
10
Gernot Böhme, 'Über Synästhesien',
Daidalos, no. 41 (1991), 26-36.

drukkend, verheffend, open of benauwend, die we terugvinden in termen waarmee we onze stemming benoemen: ik voel me bedrukt, verheven, benauwd of ingeperkt (…) Als je daarop voortborduurt, kom je uit bij gevoelsbenamingen waarin de ruimtelijke oorsprong niet meer direct te herkennen is, zoals serieus, vrolijk of melancholiek. Ik kies bewust deze woorden, omdat ook Christian Hirschfeld ze destijds in zijn *Theorie der Gartenkunst* gebruikte voor parkontwerpen in de Engelse landschapsstijl.[9] Deze termen om stemmingen uit te drukken, kunnen dus ook heel goed kenmerken zijn waarmee ruimten van bewuste fysieke aanwezigheid, ofwel sferen te typeren zijn. En dat is natuurlijk niet alleen toepasbaar op parken waarin je volgens Hirschfeld bepaalde stemmingen kunt aantreffen, maar ook voor architectonische ruimte in bredere zin. Een interieur, een plek of een buurt kan serieus, vrolijk, majestueus, kil, knus, feestelijk, enzovoort overkomen. Met dit rijke repertoire aan termen die onze bevindelijkheid typeert, beschikken we over een breed scala van typeringen van sfeer en dus van ruimten van bewuste fysieke aanwezigheid. Al die typeringen lijken in beginsel onduidelijk en zonder houvast voor een ontwerper die sfeer in een ruimte wil brengen. Maar de praktijk wijst uit – vooral bij toneeldecors waar immers een bepaalde sfeer moet worden opgeroepen – dat het mogelijk is om daarin overzicht te krijgen. Ik wil zulke karakteristieken in drie groepen onderscheiden.

Bij de eerste groep gaat het om de impressie van beweging in brede zin. Wat betreft sfeergeneratoren gaat het hierbij vooral om geometrische structuren en concrete constructies die in de architectuur gerealiseerd worden. We ervaren ze vooral als suggesties van beweging, maar ook als massiviteit of gewicht, en vooral als de begrenzing of de uitgestrektheid van de ruimte van bewuste fysieke aanwezigheid.

De tweede categorie is die van de synesthesie. Meestal worden synesthetische eigenschappen gedefinieerd als waarnemingen waarbij meerdere zintuigen betrokken zijn, zoals een scherpe toon, een kil soort blauw of warm licht. Het intermodale karakter van zintuiglijke ervaringen is een gevolg van het feit dat het gaat van bewuste zintuiglijkheid en dat ervaringen daarom alleen op ambivalente wijze over de zintuigen verdeeld kunnen worden. Een en ander

wordt pas duidelijk als je de vraag stelt wat die ervaring opwekt, als je kijkt naar hoe de omstandigheden zijn waarin zo'n synesthetische beleving wordt opgeroepen.[10] Dan blijkt dat je een ruimte bijvoorbeeld kil vindt, omdat hij in het ene geval rondom betegeld is, in een ander geval blauw geschilderd en in een derde geval het er nogal koud is. Juist deze synesthetische meervoudigheid bij sfeergeneratoren is voor de architect heel interessant. Het gaat namelijk bij het ontwerpen niet om welke concrete eigenschappen hij aan de objectieve ruimte wil meegeven, maar welke sfeer hij de ruimte wil verlenen.

Onder de derde groep schaar ik sociale karakteristieken. Het woord 'gezelligheid' zou je al zo'n kenmerk kunnen noemen, omdat gezelligheid weliswaar deels synesthetisch van aard is, maar ook door conventies wordt bepaald; gezelligheid is cultuurspecifiek. Het sociale karakter van sferen wordt nog duidelijker, als je het bijvoorbeeld hebt over de sfeer van de jaren 1920, of van een foyer, of van een kleinburgerlijk interieur of van macht. Dat zijn kenmerken waar de architectuur al lang mee heeft leren werken; hoewel vooral in de binnenhuisarchitectuur, niet zozeer in de ruimtelijke ordening en stedenbouw. Maar wie zal ontkennen dat de architectuur al eeuwenlang met gebouwen een sfeer van sacraliteit of macht weet te creëren? Deze sociale karakteristieken impliceren dus wel degelijk die andere eigenschappen van beweging en synesthesie, maar er horen er ook bij die puur samenhangen met conventies, die geassocieerd zijn met bepaalde betekenissen. Dat porfier een vorstelijke uitstraling heeft of dat patriottisme sinds de negentiende eeuw door graniet wordt vertegenwoordigd, houdt verband met cultuurspecifieke conventies.[11] Daaruit blijkt dat tot de sfeergeneratoren ook elementen behoren met een symbolisch karakter, of het nu om materialen, objecten of onderscheidingstekens gaat.

9
Christian Cay Lorenz Hirschfeld, *Theorie der Gartenkunst*, 5 delen (Leipzig: Weidmanns Erben und Reich, 1779-1785).
10
Gernot Böhme, 'Über Synästhesien', *Daidalos*, nr. 41 (1991), 26-36.
11
Thomas Raff, *Die Sprache der Materialien. Anleitung zu einer Ikonologie der Werkstoffe* (München: Deutscher Kunstverlag, 1994).

Sfeer als bewuste fysieke aanwezigheid in de ruimte

conventions.[11] And show us that there are elements among the generators of atmosphere which are of a symbolic nature, from materials through objects to insignia in the narrower sense.

Real and Reality

One could think that the task of architecture in light of the fact that people will be mindfully physically present in the spaces thus created is mainly a matter of staging the settings. It would then no longer be possible to distinguish it systematically from stage design. Seen thus, the emphasis would no longer be on architecture but on staging spaces of mindful physical presence in which certain sensitivities would be imparted to the users or visitors. In fact, the element of staging has become quite pronounced in recent architecture, even too pronounced as some critics claim.[12] To return to it: What is mindful physical presence in space? What do people want if they attach importance to being mindfully, physically, personally present at a specific place, with another person?

We have elaborated the relationship of sidestepping qualities and sensitivities such as is conveyed by the atmospheres as the central element of mindful physical presence. We did so in order to foreground the reality of architectures in the sense of their impact on mindfully, physically present persons. We found that the attendant spatial experiences can also be had in a virtual space, and this means generating the relevant sensitivities by simulation. This should be a warning. The concentration on architecture as staging settings, on the one hand, and on the visitors' and users' sensitivities on the other, could manoeuvre us into a world of mere surface, of backdrops, simulation and finally the virtual. In fact it is only half the story to say that people for whom mindful physical presence at places, before works of art and with other people is important, merely seek the sensitivities that they experience in the process. The need for mindful physical presence is by no means geared only to the real, but also to reality,[13] to the thing-like nature of places, objects and people. One indicator of this is that tourists also compulsively touch, tap or scratch the buildings and things they visit. To really be there also means to experience the resistance of things and (this perhaps being more important) to ex-perience one's own physical status in this resistance. Buildings and spaces in reality are not freely and effortlessly available, they have to be walked through or around, and that takes time and effort. The experience of one's own physical presence innate in this is, like the element of sensitivity, central to mindful physical presence. The need to feel one's own mindful physical presence also reveals the need to feel one's own vibrancy, vitality. This means for architecture that on behalf of the users of its products it must continue to ensure that they can experience a physical resistance to the latter. Technological facilities must therefore not be allowed to make visiting modern buildings some effortless surfing through them.

Architecture has traditionally understood space geometrically and considered the human in it as a body. Today, the focus must by contrast be on strengthening the vantage point of the experiencing individual and underscoring what it means to be mindfully present in spaces. This vantage point will open up a new level of creative potential for architecture. However, neither the one nor the other side should be given absolute priority. For truth lies in the interplay between them: between mindful physical presence and the body, between sensitivity and activity, between the real and reality.

Translation (from German): Jeremy Gaines

11
Thomas Raff, *Die Sprache der Materialien. Anleitung zu einer Ikonologie der Werkstoffe* (Munich: Deutscher Kunstverlag, 1994).
12
Werner Durth, *Die Inszenierung der Alltagswelt. Zur Kritik der Stadtgestaltung* (Braunschweig: Vieweg, [2nd edition] 1988).
13
For the terminological distinction between the real and reality, see: Gernot Böhme, *Theorie des Bildes* (Munich: Fink, 1999).

Werkelijk en werkelijkheid

De indruk zou kunnen ontstaan dat de opdracht voor de architectuur – werken vanuit een visie dat er straks mensen lichamelijk aanwezig zijn in de gebouwde ruimte – niet verschilt van enscenering, het werk van decorbouwers. Dan gaat het niet meer om architectuur, maar om het ensceneren van ruimten met een fysieke aanwezigheid, die gebruikers/bezoekers in een bepaalde stemming brengen. (Volgens sommige critici is de recente architectuur daarin ook al te ver doorgeschoten.)[12] Dus nogmaals de vraag: wat is bewuste fysieke aanwezigheid in een ruimte precies? Wat zoeken mensen die graag op één plek in het gezelschap van andere mensen lijfelijk, persoonlijk aanwezig zijn?

We stelden dat er een relatie bestaat tussen omgevingsfactoren en bevindelijkheid, die door sferen als het centrale element van bewuste fysieke aanwezigheid worden overgebracht, dat wil zeggen: wat het werkelijke effect is van gebouwen op een persoon die daar lichamelijk aanwezig is. Gebleken is dat de bijbehorende ruimtelijke ervaringen ook prima te reproduceren zijn in een virtuele ruimte waarin een bepaalde ontvankelijkheid gesimuleerd wordt. Dat zou een waarschuwing moeten zijn. Met alle aandacht voor de architectuur als ensceneringspraktijk aan de ene kant en voor de bevindelijkheid van bezoekers/gebruikers aan de andere kant, dreigen we in een wereld van oppervlakkigheid, decor, simulatie en uiteindelijk zelfs virtualiteit te verzeilen. Maar het klopt ook niet helemaal dat mensen die graag op bepaalde plekken vertoeven, alleen maar geconcentreerd zijn op de stemmingen die ze daarbij ervaren. De behoefte om ergens bewust fysiek aanwezig te zijn, richt zich niet alleen op wat werkelijk is, maar ook op wat werkelijkheid is – dat wil zeggen op het 'ding-zijn' van plaatsen, objecten en mensen.[13] Een indicatie daarvoor zien we in het feit dat toeristen bijna dwangmatig gebouwen en zaken die ze bezoeken aanraken, bekloppen en bekrassen. Ergens werkelijk zijn betekent ook de weerstand van de dingen voelen en – misschien nog wel belangrijker – aan de hand van die weerstand de eigen lichamelijkheid ervaren. Je kunt niet zomaar vrijelijk en moeiteloos gebouwen en ruimten tot je nemen; je moet ze betreden, je moet eromheen lopen, en dat kost tijd en moeite. De wil bij mensen om de eigen fysieke aanwezigheid ook te ervaren, om zich levendig en vitaal te voelen, is net als bevindelijkheid een centraal aspect van bewuste lichamelijke aanwezigheid. Voor de architectuur betekent dat, dat ze ook in de toekomst de gebruiker van gebouwen in staat zal moeten stellen om de fysieke weerstand ervan te ervaren. Het bezoeken van moderne gebouwen moet niet door technische snufjes verworden tot een al te gemakkelijk soort websurfen.

De architectuur heeft van oudsher de ruimte vanuit de geometrie benaderd en de mens in die ruimte als louter lichaam behandeld. Maar nu gaat het er juist om dat er aandacht komt voor de ervaring van het individu en dat duidelijk wordt wat het betekent om bewust lichamelijk in ruimten aanwezig te zijn. Voor de architectuur betekent dit een nieuw creatief potentieel, zonder dat of het één of het ander als zaligmakend wordt gezien. De waarheid ligt eerder in de onderlinge wisselwerking, tussen bewuste fysieke aanwezigheid en het lichaam sec, tussen voelen en handelen, tussen het werkelijke en de werkelijkheid.

Vertaling (vanuit het Duits): Wouter Groothuis

12
Werner Durth, *Die Inszenierung der Alltagswelt. Zur Kritik der Stadtgestaltung* (Braunschweig: Vieweg, [2e druk] 1988).
13
Over het terminologisch onderscheid tussen realiteit en werkelijkheid, zie: Gernot Böhme, *Theorie des Bildes* (München: Fink, 1999).

Sfeer als bewuste fysieke aanwezigheid in de ruimte

Klaske Havik and Gus Tielens

Atmosphere, Compassion and Embodied Experience
A Conversation about Atmosphere with Juhani Pallasmaa

Finnish architect Juhani Pallasmaa argues that the experience of architecture lies far beyond its mere visual perceptive quality: 'The judgement of environmental character is a complex multisensory fusion of countless factors which are immediately and synthetically grasped as an overall atmosphere, feeling, mood or ambiance.'[1] *OASE* is particularly interested in Pallasmaa's perspective, for he relates atmosphere in architecture to examples and theories from other disciplines like psychology and neuroscience, and other art forms, such as painting, literature, cinema and music. This interview with Pallasmaa is about atmosphere in other disciplines as a source of inspiration for atmospheric architecture, and about the nature of the creative process, which may lead to atmosphere. Apart from the expected themes such as materiality, scale and light, themes that came to the fore when discussing atmosphere in architecture included compassion, embodiment, uncertainty and slowness.

1
Juhani Pallasmaa, 'Space, Place and Atmosphere' lecture (The Hague: Royal Academy of Art/STROOM, 24 April 2012).

2
Kirsi Gullichsen (ed.), *The Collector's Gaze. The Art Collections of Kristian and Kirsi Gullichsen and Juhani and Hannele Pallasmaa*, exhibition catalogue Pori Art Museum, exhibition 7 June – 8 September 2013 (Pori: Pori Art Museum, 2013).

Art, Architecture and Sensory Perception
We meet, unintended, the evening before our scheduled meeting, in the Seahorse restaurant in Helsinki, around the corner from Juhani Pallasmaa's office. The restaurant, with its mint-green interior and wooden panelling, a painting of a Sea Horse on the rear wall, tables set with white linen and surly waiters, seems to be unchanged since the 1950s, and to have inspired the films of the Finnish Kaurismaki brothers. While we are having our large portions of Baltic herring and the like, Juhani Pallasmaa walks through the room, just on his way out after a dinner, and joins us for a glass of wine. We speak of art, and the art of collecting art, how to make sense of separate pieces and bring these different works together. We speak of drawing, the very physical act of drawing on a drawing table, of scraping lines away with a knife and redrawing them, a search for the right balance.

Monday morning, 10am at Pallasmaa's office, close to the seaside of Helsinki. We sit at the glass table in the library room; through the open window we hear seagulls and passing trams. The conversation starts where it ended last night in the bar. Last week, the exhibition of the art collections of Juhani Pallasmaa and his close friend and colleague Kristian Gullichsen and their wives opened in Pori, in the west of Finland. The catalogue, a large white volume showing 30 years of collecting art, includes a conversation between the four of them about collecting art.[2]

Seahorse restaurant, Helsinki

Klaske Havik en Gus Tielens

Sfeer, mededogen en belichaamde ervaring
Een gesprek over sfeer met Juhani Pallasmaa

De Finse architect Juhani Pallasmaa stelt dat het bij de beleving van architectuur om veel meer gaat dan om de louter visuele waarneming: 'Bij het verwerven van inzicht in het karakter van de omgeving is een ingewikkeld, multi-zintuiglijk mengsel van tallo- ze factoren betrokken, dat onmiddellijk – en synthetisch – wordt waargenomen als een allesomvattende sfeer, als een gevoel, een stemming of ambiance.'[1] *OASE* is geïnteresseerd in Pallasmaa's standpunt, omdat hij sfeer in de architectuur koppelt aan voor- beelden en theorieën uit andere disciplines, zoals psychologie en neurologie, en andere kunstvormen zoals schilderkunst, litera- tuur, film en muziek. *OASE* praat met Pallasmaa over sfeer in andere disciplines als bron van inspiratie voor sfeervolle architec- tuur en over de aard van het creatieve proces, waaruit sfeer kan voortkomen. Tijdens ons gesprek over sfeer in de architectuur kwamen niet alleen vanzelfsprekende thema's zoals materialiteit, schaal en licht aan de orde, maar spraken we ook over ook mededogen, belichaming, onzekerheid en traagheid.

1
Juhani Pallasmaa, 'Space, Place and Atmosphere' lezing (Den Haag: Koninklijke Academie van Beeldende Kunsten/STROOM, 24 april 2012).

Kunst, architectuur en zintuiglijke waarneming

We komen elkaar op de avond vóór onze afspraak in Helsinki toevallig tegen in het Seahorse-restaurant dat bij het kantoor van Juhani Pallasmaa om de hoek zit. Het restaurant (mintgroen interieur, houten lambrisering, een schilderij van een zeepaardje op de achtermuur, tafels gedekt met wit linnen, norse obers) lijkt onveranderd sinds de jaren 1950 en doet denken aan een filmscene van de Finse regisseurs/broers Kaurismäki. Terwijl wij haring uit de Oostzee zitten te eten, zien we toevallig Juhani Pallasmaa door de zaal lopen. Hij wil net het restaurant verlaten, maar voegt zich bij ons aan voor een glas wijn. We hebben het over kunst, de kunst van het verzamelen, het interpreteren van afzonderlijke werken en het bijeenbrengen van die verschillende werken. We hebben het over tekenen, over de fysieke daad van het tekenen aan een tekentafel, over het met een mes uitwissen van lijnen om ze daarna opnieuw in te tekenen, over het zoeken naar evenwicht.

Het is maandagochtend, 10.00 uur, in het kantoor van Pallasmaa nabij Helsinki. We zitten aan de glazen tafel in de bibliotheek; door het open raam horen we zeemeeuwen en passerende trams. We pakken het gesprek weer op waar we het gisteravond hebben afgebroken. Een week eerder opende in het West-Finse Pori een tentoonstelling van de kunstcollecties

I purchased my first piece of art in 1964. I now have about 350 pieces, many have come to me in exchange for work; I have written on numerous artists and designed their exhibitions and exhibition catalogues, or helped them with their big public works. It was only about 15 years ago that I realised that I had a collection. I had difficulties finding storage space. In a way I find it ethically problematic to have fine pieces of art hidden in a dark cellar. No one sees them, and that is not the purpose of art. So now we have to think about what to do with them after the exhibition finishes in September.

If you want me to explain how I understand the idea of atmosphere, these works of art are very helpful. Take, for instance, painting: To me that is atmosphere, mostly an atmosphere of colour and light, of course, although in some cases rhythm and texture can become atmospheric as well. Music, according to me, is completely atmospheric. What else is music than atmospheric auditive spaces? Not only auditive actually. You also *see* these spaces and you particularly *feel* them with your muscles and skin. One of my early classmates, Paavo Heininen, who is one of Finland's best composers, once told me that for him, the final criteria to judge the quality of the composition is to sit and lie in the music as on a couch. In other words, he tests the composition by his *body* and muscular comfort. That is a rather revealing idea. And literature: What else carries the continuity of the novel from the first page to the last but a distinct atmosphere? A novel is a universe of its own, characterised by its specific atmosphere, or feeling. Just think of Dostoyevsky, Kafka, Mann or Camus, or of any great writer, for that matter.

I have been aware of the relationship between architecture and atmosphere for less than three years. I only began to understand it when I was preparing my talk for a symposium at the Copenhagen Business School with German theorist Gernot Böhme and Danish artist Olaffur Eliasson. I thought it was quite symptomatic that it was a business school that brought up the theme![3] Additionally, I recently participated in a three-day symposium on atmospheres at the University in Arhus, Denmark, with German urban geographer Jürgen Hasse and French urban sociologist and planner Jean-Paul Thibaud.[4] I was quite surprised at this meeting: there were 24 doctoral works in the Nordic countries presented, all touching upon this theme of atmosphere. Two years ago no one would have known what this concept meant in relation to architecture, myself included!

The rising interest in the theme of atmosphere in the field of architecture seems to run parallel to some other interests: in the senses, in sensuality, in the idea of the narrative, and more recently, in the relationship between architecture and neuroscience. We had a seminar on this theme in Helsinki recently, with two excellent lecturers. First was Harry Mallgrave, professor of architecture at the IIT Chicago, who has published *The Architects Brain* and *Architecture and Embodiment*. The other speaker was Michael Arbib, who teaches computer sciences at the University

[3]
'Atmospheres, Architecture and Urban Space: New Conceptions of Management and the Social', conference organised by the Department of Management, Politics and Philosophy, Copenhagen Business School, with keynote speakers Gernot Böhme, Olafur Eliasson and Juhani Pallasmaa, 17 March 2011.

[4]
'Researching Atmospheres', International PhD course with Jürgen Hasse, Juhani Pallasmaa and Jean-Paul Thibaud, 16-18 April 2013, Aarhus School of Architecture, Denmark.

van Juhani Pallasmaa, zijn goede vriend en collega Kristian Gullichsen en hun echtgenotes Hannele Pallasmaa en Kirsi Gullichsen. In de catalogus, een indrukwekkend boek over 30 jaar verzamelen, is een gesprek tussen de vier over het verzamelen van kunst opgenomen.[2]

Ik kocht mijn eerste kunstwerk in 1964. Nu heb ik ongeveer 350 stukken; veel ervan heb ik gekregen in ruil voor werk. Ik heb over een groot aantal kunstenaars geschreven, hun tentoonstellingen ontworpen en hun catalogi opgesteld of ze geholpen met grote publiekspresentaties. Ongeveer 15 jaar geleden realiseerde ik me opeens dat ik een collectie had. Ik vond het moeilijk opslagruimte voor al die stukken te vinden. Ik vind het in zekere zin ethisch onverdedigbaar om goede kunst weg te stoppen in een donkere kelder. Dan ziet niemand het, en daar is kunst niet voor bedoeld. Dus nu moeten we bedenken waar de collectie in september heen moet, na afloop van de tentoonstelling.

Als je wilt dat ik uitleg hoe ik over sfeer denk, dan kan ik dat het beste doen aan de hand van die kunstwerken. Neem bijvoorbeeld de schilderkunst. Die bestaat voor mij uit sfeer: vooral de sfeer van kleur en licht natuurlijk, maar ritme en textuur kunnen soms ook sfeervol zijn. Muziek bestaat volgens mij volledig uit sfeer. Wat is muziek anders dan sfeervolle auditieve ruimten? Hoewel, die ruimten zijn niet alleen auditief. Je kunt die ruimte ook *zien* en vooral *voelen*, met je spieren en je huid. Lang geleden zat ik in de klas met Paavo Heininen, nu een van de beste componisten van Finland, en hij zei me eens dat hij een compositie in laatste instantie beoordeelt naar de mate waarin die in staat is hem het gevoel te geven dat hij erop kan zitten of erop kan liggen, als op een bank. Hij beoordeelt een compositie met andere woorden met zijn *lichaam*, met de mate waarin zijn spieren erbij ontspannen. Dat is heel veelzeggend. En literatuur: wat zorgt er, van de eerste tot de laatste bladzijde van een boek, voor de continuïteit van de vertelling, anders dan een bepaalde sfeer? Een roman is een universum op zich, met een heel eigen sfeer of gevoel. Denk maar aan Dostojevski, Kafka, Mann, Camus of welke grote auteur ook.

Eigenlijk ben ik me pas sinds een jaar of drie bewust van de relatie tussen architectuur en sfeer. Ik begon er oog voor te krijgen toen ik een lezing voorbereidde voor een symposium over de Duitse theoreticus Gernot Böhme en de Deense kunstenaar Olaffur Eliasson aan de Copenhagen Business School. Ik vond het veelbetekenend dat juist een economische hogeschool met dit thema kwam![3] Daarnaast heb ik onlangs samen met de Duitse stadsgeograaf Jürgen Hasse en de Franse stadssocioloog en stedenbouwkundige Jean-Paul Thibaud deelgenomen aan een driedaags symposium over sfeer op de Deense Architectuurschool in Aarhus.[4] Het was een nogal verrassende bijeenkomst, want er werden 24 Scandinavische doctoraalscripties gepresenteerd waarin het thema 'sfeer' aan de orde kwam. Twee jaar geleden wist niemand nog wat dat concept in architectonisch verband betekende, ik trouwens ook niet!

2
Kirsi Gullichsen (red.), *The Collector's Gaze. The Art Collections of Kristian and Kirsi Gullichsen and Juhani en Hannele Pallasmaa,* catalogus tentoonstelling 7 juni-8 september 2013, Porin Taidemuseo, Finland (Pori: Porin Taidemuseo, 2013).

3
'Atmospheres, Architecture and Urban Space: New Conceptions of Management and the Social', symposium, gehouden op de Copenhagen Business School en georganiseerd door de afdeling Management, Politics & Philosophy, met als belangrijkste sprekers Gernot Böhme, Olafur Eliasson en Juhani Pallasmaa, 17 maart 2011.

4
'Researching Atmospheres', internationale doctoraalcursus met Jürgen Hasse, Juhani Pallasmaa en Jean-Paul Thibaud, 16-18 april 2013, Arkitektskolen Aarhus, Denemarken.

Sfeer, mededogen en belichaamde ervaring

of California. He has the most professorships that I have ever seen in one person; he is a walking scientific dictionary.[5] Why I mention this interest in neurosciences and this seminar is because these speakers have revealed to me that our perception and understanding does not process from details towards entity but the other way around: from entity to details. This is an essential aspect of atmosphere: it is an immediate experience of the whole, the entity, and only later can one distinguish the details that are part of it. If one then thinks of architecture, in its perception and understanding as well as in the process of architectural design, a constant interaction between the entity and the detail is at stake. The bouncing back and forth between entity and detail is somehow a natural process of human perception and thinking. And perception is a creative act.

5
'Architecture and Neuroscience', seminar organised by the Aalto University, the Alvar Aalto Academy, Tapio Wirkkala-Rut Bryk Foundation and the Finnish Center for Architecture, 3 June 2013, Helsinki.

Searching for Atmosphere: Uncertainty and Slowness

How to search for atmosphere, when it has to do with immediate experience? How can we define it in language, and how can we structure the themes that together construct atmosphere if atmosphere is essentially non-structured? There is a slowness connected to this theme and a sense of place. In the library of Pallasmaa's office we are slowly circling around the topic, questioning if it is a matter of attitude, interest or receptivity that allows certain architects to be sensitive to aspects of atmosphere. How do we experience places, details and atmospheres? Can we learn to see and construct atmosphere or do we have to unlearn in order to do so?

Pavement, Ruoholahti, Helsinki /
Bestrating, Ruoholahti, Helsinki

I spent the Second World War years on my grandfather's farm. Five years of solitude with very little external stimuli besides nature. There, I began to observe things. For instance my interest in animal architecture started when I was about 7 years old, as a consequence of boredom. By the way, I think that a real duty of parents is to permit their children to be bored. Only boredom initiates such internal mental activities and interests in minute things, whereas overstimulation kills that. To me, anyway, that was the beginning of my interest in a lot of topics. I actually have never seen any distinction or distance between the various things that I am interested in. For instance this very period of my life, I hardly ever design; I am solely committed to writing. But for me it is the same thing. It is a way of working on myself. Wittgenstein writes in his notes that architecture and philosophy are similar; they are both ways of working on oneself. So whatever I do is always motivated mainly by the question of – not at all in a self-centred manner, don't get me wrong! – internal curiosity: Who am I and what is the world? Everything is part of this polarity including architecture and art. Even though architects work for a larger audience, architecture is either consciously or unconsciously a metaphorical representation of the world. That means, there always is the issue of the self involved: the experience of the self.

I have never felt that I am an architect in a professional

De toenemende belangstelling voor sfeer als thema binnen de architectuur lijkt gelijk op te gaan met sommige andere interesses: in zintuigen, sensualiteit, narrativiteit en, meer recent, in de relatie tussen architectuur en neurologie. Daar hadden we onlangs een seminar over in Helsinki, met twee uitstekende sprekers. De ene was Harry Mallgrave, hoogleraar architectuur aan de IIT Chicago en auteur van *The Architects Brain* en *Architecture and Embodiment* en de andere was Michael Arbib, die informatica doceert aan de University of California. Ik heb nog nooit iemand ontmoet met zoveel professoraten: hij is een wandelend wetenschappelijk woordenboek.[5] Ik vertel je over die belangstelling voor neurologie en dat seminar, omdat die sprekers mij duidelijk hebben gemaakt dat ons waarnemingsvermogen en ons verstand geen details samenvoegen tot een eenheid, maar dat het andersom is: eenheden worden eerder waargenomen dan details. En een belangrijk aspect van sfeer is dat hij onmiddellijk wordt ervaren als een geheel, een eenheid: pas later kun je de details onderscheiden waaruit hij is opgebouwd. Als je dan aan architectuur denkt, zowel aan de waarneming en het begrip ervan als aan het architectonische ontwerpproces, dan blijkt er een ononderbroken uitwisseling tussen eenheid en detail gaande te zijn. Die voortdurende afwisseling van aandacht voor de eenheid en het detail is op de één of andere manier een natuurlijk aspect van het menselijk waarnemings- en denkvermogen. En waarnemen is een creatieve daad.

5
'Architecture and Neuroscience', seminar georganiseerd door de Aalto-yliopisto, de Alvar Aalto-akatemia, de Tapio Wirkkala-Rut Bryk-stichting en het Finse centrum voor architectuur, 3 juni 2013, Helsinki.

Zoeken naar sfeer: onzekerheid en traagheid

Hoe kun je zoeken naar sfeer als het iets is dat onmiddellijk wordt ervaren? Hoe kunnen we sfeer omzetten in taal en de thema's die gezamenlijk voor sfeer zorgen structureren, als sfeer in wezen ongestructureerd is? Aan het thema kleeft iets van traagheid, van plaatselijkheid. In Pallasmaa's kantoorbibliotheek cirkelen we traag om het gespreksonderwerp heen en vragen we ons af of het een kwestie van houding is, van belangstelling, van ontvankelijkheid: waardoor zijn sommige architecten zo gevoelig voor aspecten van sfeer? Hoe ervaren ze plaatsen, details en sferen? Kun je architecten leren om sfeer waar te nemen en te maken, of moeten ze dan eerst iets afleren?

De Tweede Wereldoorlog bracht ik door op de boerderij van mijn grootvader. Vijf eenzame jaren; er waren erg weinig externe prikkels behalve die van de natuur. Toen ben ik begonnen dingen te observeren. Ik was bijvoorbeeld ongeveer zeven jaar oud toen ik, doordat ik me zo verveelde, belangstelling kreeg voor de architectuur van dieren. Ik denk trouwens dat het echt tot de taken van ouders behoort te zorgen dat hun kinderen zich vervelen. Alleen verveling kan een dergelijke innerlijke mentale activiteit en belangstelling voor nietige dingen teweegbrengen, te veel stimulatie maakt dat onmogelijk. Mijn belangstelling voor een heleboel onderwerpen stamt in elk geval uit die tijd. Ik heb eigenlijk nooit onderscheid gemaakt (of afstand ervaren) tussen de verschillende dingen waar ik belangstelling voor heb. Op dit

sense, never, even when I had more than 40 assistants walking around in my office. I felt like an amateur. Moreover, I feel increasingly amateurish. An architect needs to be a credible actor, surely. You need to behave as if you know. That is because of our culture: only people who know, who show their knowledge, are respected. Nevertheless, I think uncertainty is of the highest importance in the processes of creativity. Whenever I meet a colleague who is extremely sure of him- or herself, I know this person doesn't know even the *ABC* of art. I guess this runs parallel to the Bachelardian idea of maintaining one's sense of innocence that also leads to turning almost aggressively against the idea of expertise. Joseph Brodsky has a beautiful line: for a maker experience is not gathering expertise but uncertainties. In architecture, of course, in many ways one needs the capacity to make immediate judgments and decisions, based on a certain expertise. Yet I think it is even more important for a creative person to delay decisions and tolerate the state of uncertainty as long as possible. I frequently say to my students that the worst thing you can do to yourself is to start planning your life. I try to live like that as well. I have a few things on my calendar, of course, but otherwise I tend to play everything by ear. It is quite clear that the best things in life have always been gifts. These things that are against your deliberate plans become the most fortunate things. Usually when you go in search of some specific information you don't find what you were looking for. But when you open the next book, it is that unexpected one that trigger's you. This is part of the essence of uncertainty. The search itself is important, as well as the vividness of that search.

Therefore I think the design process should slow down, to condense thought and feeling, and to increase the possibility to be surprised. When you design with a pencil, instead of doing it quickly with the computer, the process is significantly slower. It is the time span that allows one to think about a lot of things simultaneously – and all of it is relevant. The working process is important, for me it has to be rather slow and sufficiently messy. I couldn't work in a too organised, clean situation. There is a beautiful essay by American architect Tod Williams entitled *Slowness*.[6] He also dwells upon 'the mess of architectural work'. The ultimate skill is to collaborate with your own work, not so much to collaborate with others. After a certain point the work, whether design or writing, obtains its own self. That is what you need to discover. Then it takes over and begins to suggest itself. A great moment. I always write my essays in eight to ten rounds between me and my secretary. Until about the fourth or fifth round I have the feeling that I am writing, and from there on it is the essay that is writing me. It is a really pleasurable moment when the thing takes over and begins to suggest ideas – always the best ideas. To me, this moment in a creative process is associated with atmosphere. That is the point where the work has obtained an atmosphere in itself, a unity and a character on its own. It begins to project on you. You base your decisions for next steps and details on that hunch of atmosphere, rather

6
The essay on slowness is available on the website of Tod Williams and Bille Tsien architects, New York, http://www.twbta.com/#/2204 (accessed 4 August 2013).

moment ontwerp ik bijvoorbeeld nauwelijks meer, maar wijd ik me uitsluitend aan het schrijven. Maar voor mij is dat hetzelfde. Ik werk op die manier aan mezelf. Wittgenstein noteerde dat architectuur en filosofie iets gemeen hebben: het zijn beide manieren om aan jezelf te werken. Dus wat ik ook doe, mijn drijfveer is hoofdzakelijk de vraag naar wie ik ben en wat de wereld is – begrijp me niet verkeerd, niet op een egocentrische manier! – maar gewoon uit intrinsieke nieuwsgierigheid. En dan beweegt alles zich tussen die twee polen, ook de architectuur en de kunst. Ook al werken architecten voor een breder publiek, ook de architectuur is bewust of onbewust een metaforische representatie van de wereld. Dat wil zeggen, dat het zelf er altijd bij betrokken is: de ervaring van het zelf.

Ik heb me nooit een beroepsarchitect gevoeld, ook al had ik op mijn kantoor meer dan 40 assistenten over de vloer. Ik voelde me een amateur. Sterker nog, ik voel me naarmate ik ouder wordt steeds meer een amateur. Tegelijkertijd moet een architect goed toneel kunnen spelen. Je moet net doen alsof je weet wat je doet. Dat komt door onze cultuur: alleen mensen die weten wat ze doen, die hun kennis tonen, worden in onze cultuur gerespecteerd. Maar volgens mij is onzekerheid de belangrijkste drijfveer voor het creatieve proces. Als ik een collega tegenkom die heel zeker van zichzelf is, dan weet ik dat die persoon zelfs het ABC van het kunstenaarschap niet door heeft. Dat zal wel parallel lopen aan het Bachelardiaans idee van het behoud van onschuld, dat op een bijna agressieve manier resulteert in een protest tegen het idee van deskundigheid. Joseph Brodsky zegt het heel mooi: voor een maker bestaat ervaring niet uit het opdoen van zoveel mogelijk deskundigheid, maar uit het verzamelen van onzekerheden. In de architectuur is het natuurlijk op veel momenten noodzakelijk dat je je onmiddellijk een oordeel vormt en een beslissing kunt nemen, en dat is dan gebaseerd op een zekere expertise. Maar ik denk dat het voor een creatief mens nog belangrijker is om beslissingen uit te stellen en om de onzekerheid zo lang mogelijk toe te laten. Ik zeg vaak tegen mijn studenten: het ergste dat je jezelf aan kunt doen, is je leven plannen. Ik probeer ook zo te leven. Er staan nog wel wat zaken op de agenda natuurlijk, maar verder improviseer ik. Het is onmiskenbaar dat de beste dingen in dit leven je gegeven worden. Geluk schuilt in de tegenvallers die je opzettelijke plannen verstoren. Als je iets specifieks gaat zoeken, vind je meestal niet wat je nodig hebt. Maar het volgende boek dat je openslaat, kan dat onverwachte boek zijn dat je op ideeën brengt. Dat hoort bij het wezen van de onzekerheid. De zoektocht zélf is belangrijk, net als de levendigheid van die zoektocht.

Ik meen dat het ontwerpproces trager zou moeten verlopen, zodat gedachten en gevoelens kunnen condenseren en de kans op een verrassing toeneemt. Als je met potlood ontwerpt, in plaats van snel met de computer, vertraagt dat het proces aanzienlijk. Door het tijdsverloop kun je aan een heleboel dingen tegelijk te denken – en die zijn allemaal relevant. Het werkproces is van belang, ik heb het graag nogal traag en behoorlijk rommelig.

than on a theoretical view or on preconceptions. Thus, it seems that in a creative process, atmosphere enters the work in this very moment when the work takes over, when the work achieves personality, independently of yourself. When describing his creative process in the essay *The Trout and the Mountain Stream*, Alvar Aalto confesses: 'Led by my instincts I draw, not architectural syntheses, but sometimes even childish compositions, and via this route I eventually arrive at an abstract basis to the main concept, a kind of universal substance with whose help the numerous quarrelling sub-problems (of the design task) can be brought into harmony.'[7] Aalto's interesting notion 'universal substance' seems to refer to a unifying atmosphere or intuitive feeling rather than any conceptual, intellectual, or formal idea.

7
Alvar Aalto, 'The Trout and the Mountain Stream' (1947), in: Göran Schildt (ed.) *Alvar Aalto in His Own Words* (Helsinki: Otava, 1991).

Designing Atmosphere: Empathy and Sensitivity

In perfect circumstances, with an ideal client, sufficient time for a slow, searching design process and sufficient budget, we can imagine that constructing atmosphere is possible. But how can architects build atmospheres if they have to deal with the everyday assignments in practice, with anonymous clients, tight budgets and limited time? The days before our meeting, we visited a number of projects in Helsinki. For instance a wooden residential area, built in the 1920s. This neighbourhood, Puu-Käpylä, designed by Martti Välikangas, was one of the very first industrial projects in Finland, made of pre-cut logs. We also visited the regenerated former harbour area Ruoholahti, for which Juhani Pallasmaa designed the public space in the 1990s. In both projects, themes such as collectiveness and publicness are important. How can a designer sustain a position of uncertainty or openness, and achieve some sense of atmosphere in a project with strong limitations? Take for instance social housing, which forms a substantial part of architectural practice in the Netherlands, with limited budgets and such hard-to-address issues as collectiveness and privacy: it is almost the opposite of the 'ideal' situation with a private and well-educated client. How can one achieve a specific atmosphere in such projects?

Public space in Helsinki / Openbare ruimte in Helsinki

The only proper way to deal with the everyday practice of architecture is that the architect becomes the client him- or herself. I mean to say that the architect internalises the client. Even in the case of a wealthy individual client it is impossible to design for a person or a family as the 'other'. You yourself have to become the dweller otherwise it is impossible to design the dwelling as an external object. The spaces have to be occupied and lived in during the design process, and only the architect can project that imaginary life. Even more in the case when the dweller is anonymous, and your client is just a developer. Again: *you* have to become the dweller. My professor Aulis Blomstedt used to say that an important area of talent for an architect is the capacity to imagine human situations. That is a very important observation. Architects need the ability for empathy and compassion – that today is more important than a formal fantasy. Even formal

Onder al te georganiseerde, steriele omstandigheden zou er niets uit mijn handen komen. De Amerikaanse architect Tod Williams heeft een prachtig essay geschreven dat *Slowness* heet.[6] Hij benoemt dat rommelige van het architectonisch werk ook. Uiteindelijk is het niet zozeer de kunst samen te werken met andere mensen, maar met je eigen werk. Of je nu ontwerpt of schrijft, voorbij een bepaald punt krijgt je werk een eigen persoonlijkheid. En die moet je leren kennen. Die neemt dan de touwtjes in handen, begint zelf met ideeën te komen. Dat is een fantastisch moment. Ik schrijf mijn essays altijd in acht tot tien ronden samen met mijn secretaresse. Tot zo ongeveer de vierde of vijfde ronde heb ik het gevoel dat ik het essay schrijf; vanaf dat moment schrijft het essay mij. Dat is een heel prettig moment, wanneer het essay de leiding neemt en ideeën begint te genereren; en dat zijn altijd de beste ideeën. Dit moment in het creatieve proces heeft volgens mij iets te maken met sfeer. Op dat moment heeft het werk zelf een bepaalde sfeer gekregen, is het een eenheid en heeft het karakter. En dat begin je te voelen. Over de volgende stappen en details beslis je eerder op basis van die zweem van sfeer, dan op basis van theoretische concepten of ideeën die je al had. Het lijkt er dus op dat sfeer een rol gaat spelen in het creatieve proces, juist wanneer het werk zichzelf begint te scheppen, wanneer het een persoonlijkheid heeft gekregen, los van jezelf. Wanneer Alvar Aalto dit creatieve proces in zijn essay *The Trout and the Mountain Stream* beschrijft, bekent hij: 'Als ik me door mijn instinct laat leiden, teken ik geen architectonische syntheses, maar soms bijna kinderlijke composities en via deze weg kom ik uiteindelijk op een abstracte basis voor het hoofdconcept, een soort universele substantie die me helpt de talrijke conflicterende bijkomende problemen (van de ontwerpopgave) tot overeenstemming te brengen.'[7] Aalto gebruikt een interessant concept, 'universele substantie', dat eerder lijkt te verwijzen naar een verbindende sfeer of een intuïtief gevoel dan naar enig conceptueel, intellectueel of formeel idee.

6
Het essay over traagheid is beschikbaar via de website van de in New York gevestigde architecten Tod Williams en Bille Tsien, http://www.twbta.com/#/2204 (bezocht 4 augustus 2013).

7
Alvar Aalto, 'The Trout and the Mountain Stream' (1947), in: Göran Schildt (red.), *Alvar Aalto in His Own Words*, (Helsinki: Otava, 1991).

Ontwerpsfeer: empathie en gevoeligheid

Dat het mogelijk is sfeer te creëren onder de gunstigste omstandigheden, met de ideale opdrachtgever, alle tijd voor een traag, zoekend ontwerpproces en voldoende budget kunnen we ons voorstellen. Maar hoe maakt een architect sfeer in de praktijk, als de opdrachten alledaags, de opdrachtgevers anoniem, de budgetten krap zijn en de tijd beperkt? In de dagen voorafgaand aan onze afspraak bezochten we een aantal projecten in Helsinki, bijvoorbeeld een rond 1920 gebouwde houten woonwijk, Puu-Käpylä. De wijk is ontworpen door Martti Välikangas en opgetrokken uit voorgezaagde houtblokken; het was een van de allereerste geprefabriceerde, stedelijke projecten in Finland. Ook bezochten we het voormalige havengebied Ruoholahti, nu een woonwijk waarvoor Juhani Pallasmaa in de jaren 1990 de openbare ruimte ontwierp. Thema's als collectiviteit en openbaarheid spelen in beide projecten een grote rol. Hoe kan

issues should be a consequence of being able to imagine human life, human emotion, and human situations. I believe, that atmospheric qualities arise from the designer's empathetic sensitivity and skill.

Regarding public space, the problem over the last 20 years has been the tendency to over-functionalise public space. It is too defined: here you stand, here you sit, there you do something else. That is not the nature of human behaviour and public space. The most subtle aspect of human behaviour is its spontaneity. On a public square nothing should be definite, anything can happen on a square. Even a revolution! The nature of public space is not to specify action but to invite action. This all should be applied to architecture as well. Architecture should not specify emotion, but should invite emotion. I often use the example of Michelangelo's Laurentian Library in Florence. I immediately get tears in my eyes when I step into that space. Its melancholia is so powerful. But they are my tears, my own tears. Not Michelangelo's, although his architecture authorises me to expose these emotions. The architecture admits me and authorises me to feel this feeling, which I would otherwise suppress. That is the liberating element in art or music. You are permitted to have these feelings, but they are your feelings. For instance, Herman Hertzberger suggested that we need stairs in public space as an invitation to stop and sit. Most people experience it as a pleasurable thing to be higher than what is happening out there, to have an overview. Levels in the city are important for that reason. Society even needs an amphitheatre shape: it creates an image of being together. Even when it's empty it creates an image of (the possibility of) an event and of being together. Architecture provides these imaginative spaces for events, which are important for human imagination. They root us in a culture, whereas their absence makes us feel alienated.

I have written an essay about the primary images of architecture.[8] The most powerful architectural experiences are embodied images. Entering and going through a door, for instance, is a very fundamental architectural experience. But first comes the horizontality of the floor, which was pointed out by Edmund Hillary. When he came back from his first Mount Everest climb, his answer to the question of what the most difficult moment of his journey was: to find a horizontal plane that was large enough to put up the tent. This answer points out where architecture begins: with the floor. Nevertheless, a roof, wall, window, stairway, bath, table, fireplace, are not just visual things, just architectural elements. They are acts, embodied images! What I am suggesting is that architectural emotion is bound to our former experiences. Architecture releases certain deep memories. Take for instance the power of fire. For about 700,000 years our forefathers have been sitting around the fire, feeling pleasure and experiencing collectivity. It is that genetic resilience that we unconsciously recognise, that we sense. I am critical towards the idea of architecture as a visual or aesthetic invention. Meaning has to come from somewhere; and it comes

8
Jouni Kaipia, Juhani Pallasmaa and Kit Ozburn, 'Primary Images', seminar document 2001/2002 (Saint Louis: Washington University School of Architecture, 2002).

een ontwerper vasthouden aan onzekerheid of openheid, en een zekere mate van sfeer creëren als het gaat om een project met sterke beperkingen? Neem bijvoorbeeld de sociale woningbouw, die een groot deel van de Nederlandse architectuurpraktijk vormt, krappe budgetten kent en te maken heeft met moeilijk definieerbare aspecten als collectiviteit en privacy – een toestand die bijna precies tegenovergesteld is aan de ideale situatie met de goed opgeleide privé-opdrachtgever. Hoe kun je in zulke projecten bereiken dat er een specifieke sfeer ontstaat?

Op een goede manier omgaan met de alledaagse architectuurpraktijk is alleen mogelijk door als architect in de huid van de opdrachtgever te kruipen. Ik bedoel dat de architect de opdrachtgever internaliseert. Zelfs in het geval van een rijke privé-opdrachtgever is het onmogelijk om voor een persoon of een gezin te ontwerpen, als je die als 'de ander' blijft zien. Je moet zelf de bewoner worden, anders is het onmogelijk de woning te ontwerpen als een extern object. Tijdens het ontwerpproces moeten de ruimten worden bewoond, er moet in worden geleefd en alleen de architect kan zich dat denkbeeldige leven voorstellen. Dat is nog harder nodig wanneer de bewoner anoniem is, en je klant alleen maar een projectontwikkelaar is. Nogmaals: *jij* moet de bewoner worden. Mijn leraar Aulis Blomstedt zei altijd dat het belangrijkste talent voor een architect is zich menselijke situaties te kunnen voorstellen. Dat is een heel wezenlijke opmerking. Architecten moeten in staat zijn tot empathie en mededogen – die zijn tegenwoordig belangrijker dan een formele fantasie. Zelfs formele kwesties moeten gebaseerd zijn op de vaardigheid zich het menselijk leven, menselijke emoties en menselijke situaties voor te kunnen stellen. Ik denk dat de eigenschappen van sfeer voortkomen uit de empathische gevoeligheid en bekwaamheid van de ontwerper.

Met betrekking tot de openbare ruimte is het probleem al 20 jaar dat men geneigd is de openbare ruimte te functioneel te maken. De scheidingen zijn veel te scherp: hier moet je staan, daar moet je zitten, dáár doe je weer wat anders. Zo gedragen mensen zich niet en dat is niet het karakter van de openbare ruimte. Juist het subtielste aspect van menselijk gedrag is dat het spontaan is. Op een openbaar plein moet er niets worden vastgelegd, op een plein kan zich van alles afspelen. Zelfs een revolutie! De aard van de openbare ruimte is dat die aanzet tot activiteit, maar niet specificeert tot wélke activiteit. Dit is allemaal ook van toepassing op de architectuur. Architectuur moet aanzetten tot emotie, maar niet specificeren tot wélke emotie. Als voorbeeld noem ik vaak de Biblioteca Medicea Laurenziana van Michelangelo in Florence. Als ik die ruimte betreed, springen de tranen me onmiddellijk in de ogen. Er schuilt zo'n kracht in haar melancholie. Maar het zijn mijn tranen, mijn eigen tranen. Het zijn niet de tranen van Michelangelo: zijn architectuur geeft me echter de ruimte die emotie te tonen. De architectuur noodt me binnen en staat me toe iets te voelen, wat ik anders zou onderdrukken. Dat is het bevrijdende element van kunst of muziek. Je mag zulke gevoelens

from life. These primary images have metaphysical power. For instance walking through a doorway has tremendous philosophical and metaphysical power. It embodies the transition from one world to another, from one space to another. What I am suggesting implicitly is that atmosphere may have to do with our unconscious recognition of such primary images. Taking this idea seriously, I could imagine that architecture education would offer courses on 'architectural anthropology': students would identify and analyse primordial experiences of architecture. This could be a new sounding board for atmospheric and meaningful architecture. To me, most contemporary architecture is fairly empty of meaning in this sense.

Atmosphere is altogether an unfocused quality. It has to be experienced in an unfocused and partly unconscious manner. In architecture it is particularly clear, for reasons that we have talked about, that by definition when we see something in focus, we are outsiders to it.[9] So focused vision cannot make us insiders in a space. Only peripheral vision does. But I have never read even a chapter on the importance of peripheral vision in architecture, even though it is so clear that it is fundamental. And atmosphere is certainly almost completely a peripheral and unconscious perception. To the degree that when aspects of atmosphere become conscious then they tend to lose their atmospheric power. In visual perception there is the Gestalt quality that holds the form, the shape together, whereas in atmospheric perception there is no such rule or principle. I would say atmospheric experience always centres on your own existential experience, which suggests that atmospheric experience is a much more internalised experience than a visual one. Such an approach makes architecture definitely more embodied, and also by definition more multisensory and integrated because in an embodied experience the haptic experience is so important. In my way of thinking, the most important sense that we have is our existential sense. That is how we experience architecture, through and as part of our own sense of existence.

[9] Referring to his discussion of peripheral vision in his lecture in the series 'Architectural Positions', 10 May 2007, Faculty of Architecture of Delft University of Technology; published as Juhani Pallasmaa, 'Inhabiting Space and Time- the Loss and Recovery of Public Space', in: Tom Avermaete, Klaske Havik and Hans Teerds (eds.) *Architectural Positions. Architecture, Modernity and the Public Sphere* (Amsterdam: SUN Architecture, 2009), 125-133.

Constructing Atmosphere: Detail and Materiality

We leave the office and enter a small coffee shop annex bakery downstairs, with lots of beautiful cakes and bread. Juhani Pallasmaa invites us for coffee and cake. We sit at the windowsill, smell the coffee and see people and trams passing by. Pallasmaa has lived in this area since 1952, and calls it his home. He can't imagine living anywhere else, he states. He used to have his fairly big architecture firm in this same building. We wonder how projects were organised, if such personal notions as embodied experience were at stake. We also ask which architecture Pallasmaa considers 'atmospheric' and what would be the main characteristics of such architecture.

The wooden neighbourhood Puu-Käpylä of the 1920s / De houten woonwijk Puu-Käpylä uit de jaren 1920

In my own office details have always been very important. More specifically said: the tactility of details was important. I had the habit to come early to the office to prepare sketches that would

hebben, maar het zijn jouw gevoelens. Herman Hertzberger stelde bijvoorbeeld dat we in de openbare ruimte trappen nodig hebben die ons uitnodigen even te gaan zitten. De meeste mensen vinden het prettig zich iets hoger te bevinden dan de dingen om hen heen, zodat ze overzicht hebben. Daarom is het belangrijk in de stad verschillende niveaus te hebben. De maatschappij heeft ook vormen als een amfitheater nodig: die geven ons een indruk van hoe het zou zijn om samen te zijn. Zelfs wanneer zo'n ruimte leeg is, biedt ze een beeld van een mogelijk evenement of samenzijn. De architectuur schept dergelijke tot de verbeelding sprekende evenementenruimten en die stimuleren de menselijke fantasie. Ze verbinden ons met een cultuur en als ze er niet zijn, werkt dat vervreemdend.

Ik heb een essay geschreven over primaire architectonische beelden.[8] De krachtigste architectonische ervaringen zijn belichaamde beelden. Binnenkomen door een deur is bijvoorbeeld een heel fundamentele architectonische ervaring. Toch ervaar je de horizontaliteit van de vloer nog eerder, zoals Edmund Hillary opmerkte. Toen hij terug kwam van zijn eerste beklimming van de Mount Everest en men hem vroeg wat hem het zwaarst was gevallen tijdens zijn reis zei hij: om een plat vlak te vinden dat groot genoeg was om een tent op te zetten. Dit antwoord verwijst naar waar de architectuur mee begint: met de vloer. Zulke primaire beelden als een dak, een muur, een raam, een trap, een bad, een tafel en de haard zijn niet alleen maar visuele dingen, alleen maar architectonische elementen. Ze doen iets met ons, het zijn belichaamde beelden! Wat ik wil zeggen is dat er een band bestaat tussen architectonische emotie en onze vroegere ervaringen. Architectuur wekt bepaalde onbewuste herinneringen op. Neem bijvoorbeeld de kracht van het vuur. Onze voorouders hebben al zo'n 700.000 jaar geleden rond het vuur gezeten en collectiviteit ervaren. Onbewust herkennen we die genetische veerkracht, die voelen we. Ik sta kritisch tegenover de gedachte dat architectuur een visuele of esthetische uitvinding is. Betekenis moet ergens vandaan komen, en ze komt uit het leven. Zulke primaire beelden hebben een enorme filosofische en metafysische kracht. Bijvoorbeeld door een deuropening lopen: de overgang van de ene wereld naar de andere, van de ene ruimte naar de andere, wordt er door belichaamd. Daarmee suggereer ik impliciet dat sfeer iets te maken kan hebben met onze onbewuste herkenning van zulke primaire beelden. Als dit serieus zou worden uitgewerkt, dan kan ik me voorstellen dat opleidingen Architectuur vakken zouden gaan aanbieden op het gebied van de 'architectonische antropologie', waarin studenten vaststellen en analyseren welke primordiale ervaringen van de architectuur er bestaan. Ik denk dat dit een nieuw klankbord zou kunnen zijn voor sfeervolle en betekenisvolle architectuur. Ik vind de meeste hedendaagse architectuur in dat opzicht nogal leeg.

Sfeer is in alle opzichten een diffuse eigenschap, die op een diffuse en deels onbewuste manier moet worden ervaren. Het is, zoals we al eerder hebben besproken, vooral in de architectuur onmiskenbaar dat we per definitie buitenstaanders zijn terwijl

8
Jouni Kaipia, Juhani Pallasmaa en Kit Ozburn, 'Primary Images' (seminar document 2001-2002) (St. Louis: Washington University School of Architecture, 2002).

Sfeer, mededogen en belichaamde ervaring

be on my assistant's tables before they came in. Of course no drawing is perfect in the first try, so then we would discuss the results of their work. However, such themes as atmosphere, even if we did not call it that, are hard to talk about. Most things that distinguish architecture are actually unspeakable anyway. I think a talented person catches the intentions fairly quickly. You don't have to talk about it. Moreover, architects decide on so many things that define this atmosphere, but mostly unconsciously, being unaware of these aspects. Of course a good architect internalises what he is doing so that it is a lived situation that you design, not just a line on paper. Alvar Aalto had an exceptional atmospheric sensibility. In Aalto's architecture, usually the exteriors of buildings tend to have a male character, whereas his interiors tend to have a more female character; a rugged male appearance combined with a sensual interior.

There is an aspect of suppressing the visual dominance in designing atmosphere. Peter Zumthor is well aware of the dominance of the visual realm. The way Zumthor works with models, almost naive ones, with a strong theatrical ambiance, is quite interesting. I don't use naive here in a negative sense. As Bachelard says, a phenomenologist has to be systematically naive. I have asked Zumthor why he works this way. He responded that he simply wants to get the sense of life in connection with his projects. Architects usually work with precisely made abstracted models, but Zumthor has them filled with people and furniture. Also the positioning of the models at eye level is quite unusual, architects usually like to position things rather low, at a bird's-eye view.

The strong role that materiality plays in the work of Zumthor, we find in Sigurd Lewerentz's work as well. When you visit the churches that Lewerentz built in Stockholm and Malmö, something happens to you. You become 1,000 years old in a very pleasurable way. This sensation is evoked by the materiality of the brick, or better said, by the voice of the brickwork. Those bricks talk, they have a murmuring sound, you can hear the bricks and their very tactile joints. It is known that Lewerentz went to the construction site every morning when the bricklayers came to the lay the bricks. He then pointed at a brick in the stack with his umbrella and then at the spot on the wall where it should be placed.

I have to stress that atmosphere is not a stylistic issue. For instance, totally different from the weight and materiality of the work of Lewerentz and Zumthor is the work of Finnish architect Juha Leiviskä. But his work is also strongly atmospheric. The work of Leiviskä is surprisingly musical. You can *hear* the space in the Myyrmäki Church. The rhythm of the walls and the rhythm of the light are really beautiful in most of his work, but specifically here, in this church. Leiviskä is a pianist and Mozart is his favourite composer. He has confessed that in the rhythm of the space of the church, his sources are Dutch neo-plasticism and Bavarian Rococo. I can imagine that the sense of gravity in his work could be too thin for Peter Zumthor, who loves things to be more grounded.

we geconcentreerd naar iets kijken.[9] Alleen de perifere blik maakt ons tot ingewijden, een geconcentreerde blik kan dat niet. Maar ik heb nog nooit ook maar één hoofdstuk gelezen over het belang van de perifere blik in de architectuur, terwijl die dus duidelijk fundamenteel is. En sfeer is absoluut iets dat bijna volledig perifeer en onbewust wordt waargenomen. Dat gaat zó ver dat afzonderlijke aspecten van sfeer hun kracht verliezen wanneer je je ervan bewust wordt. Bij visuele waarneming houdt de Gestalt-kwaliteit de vorm bijeen, terwijl zo'n regel of principe in de sfeerwaarneming ontbreekt. Volgens mij draait het bij de sfeerervaring altijd om je eigen existentiële ervaring, wat doet vermoeden dat sfeerervaring een veel sterker geïnternaliseerde ervaring is dan een visuele ervaring. Een dergelijke benadering maakt de architectuur veel belichaamder en dus ook multi-zintuiglijker en geïntegreerder, omdat de tactiele ervaring een grotere rol speelt bij een belichaamde ervaring. Ik zie het zo: het belangrijkste besef dat we hebben, is het besef dat we bestaan. Zo ervaren we de architectuur ook, via en als onderdeel van ons bestaan.

9

Hij verwijst hier naar de behandeling van het begrip 'perifeer zicht' in zijn lezing in de serie 'Architectural Positions' aan de faculteit Bouwkunde van de TU Delft op 10 mei 2007, waarvan de tekst is verschenen als Juhani Pallasmaa, 'Inhabiting Space and Time – the Loss and Recovery of Public Space', in: Tom Avermaete, Klaske Havik en Hans Teerds (red.), *Architectural Positions. Architecture, Modernity and the Public Sphere* (Amsterdam: SUN Architecture, 2009), 125-133.

Sfeer maken: detail en materialiteit

We verlaten het kantoor en gaan naar beneden, daar zit een klein café annex bakkerij vol heerlijke cakes en broodjes. Juhani Pallasmaa trakteert op koffie met cake. We zitten bij het raam, ruiken de koffie en zien trams en mensen passeren. Pallasmaa woont al sinds 1952 in deze buurt en noemt haar zijn thuis. Hij kan zich niet voorstellen ergens anders te wonen, zegt hij. Vroeger had hij een tamelijk groot architectenbureau in ditzelfde gebouw. We vragen ons af hoe projecten toen werden georganiseerd, met inachtneming van zulke individuele concepten als 'belichaamde ervaring'. We vragen ook welke architectuur Pallasmaa sfeervol vindt en wat de belangrijkste eigenschappen van een dergelijke architectuur zijn.

A view of the window ledge in Pallasmaa's office / De vensterbank van het bureau van Pallasmaa

Op mijn eigen bureau werd altijd veel belang gehecht aan details. Of, om precies te zijn: de tastbaarheid van details was belangrijk. Ik kwam altijd vroeg op kantoor om tekeningen voor te bereiden. Die lagen dan klaar op de bureaus van mijn assistenten als ze binnenkwamen. Geen enkele tekening is natuurlijk in één keer goed, dus dan bespraken we de resultaten van hun werk op basis van mijn tekeningen. Maar een thema als sfeer is moeilijk bespreekbaar te maken, ook al noem je het anders. De meeste zaken die er werkelijk toe doen in de architectuur, zijn sowieso moeilijk onder woorden te brengen. Volgens mij begrijpt iemand met talent vrij snel wat de bedoeling is; daar hoef je niet over te praten. Bovendien nemen architecten veel beslissingen over aspecten van sfeer, zonder dat zich daarvan bewust zijn, zonder er bij na te denken. Een goede architect internaliseert natuurlijk wat hij doet, hij ontwerpt voor een werkelijke situatie en zet niet alleen maar lijnen op papier. Ik zou zeggen dat Alvar Aalto ongekend gevoelig was voor sfeer. In de architectuur van Aalto zijn de gebouwen meestal mannelijk aan de buitenkant, terwijl

One of the most atmospheric spaces for me is Adolf Loos's Kärtner Bar in Vienna. I must have visited it in the mid 1960s. It's dark and small, and it consists of only one room, although mirror reflections expand the space to infinity. Very impressive. I had an even stronger experience in the Sacher Hotel in Vienna. I was standing at the counter to meet a friend. I was probably asking the porter for the room number. Suddenly the three young men behind the counter became very nervous. I realised that somebody important was entering the lobby. I didn't want to turn around, so I just stood there. I felt a huge man next to me. I finished my business and without looking at the man I turned around to discover that it was Orson Welles, the American actor! His presence was so powerful, that I will remember it all my life. I cannot remember the architecture of this hotel at all, but I can still feel Orson Welles' presence. A memorable atmosphere can well be defined by the presence of an imposing man. Atmospheres fuse natural, architectural, cultural, social and human ingredients into a singular experience.

het interieur veel vrouwelijker is: een stoere mannelijke uitstraling, gecombineerd met een sensueel interieur.

Er kan met aandacht voor sfeer worden ontworpen, door de dominantie van het visuele aspect te onderdrukken. Peter Zumthor bijvoorbeeld is zich zeer bewust van de dominante positie van het visuele. De manier waarop hij met modellen werkt, met bijna naïeve modellen met een theatrale uitstraling, is heel interessant. Ik gebruik 'naïef' hier niet in negatieve zin. Bachelard zegt dat een fenomenoloog systematisch naïef moet zijn. Ik heb Zumthor gevraagd waarom hij op die manier werkt. Hij zei dat hij gewoon wil weten wat de wisselwerking is tussen het leven en zijn projecten. De meeste architecten werken met nauwkeurige, abstracte modellen, maar die van Zumthor staan vol mensen en meubilair. De positie van zijn modellen, op ooghoogte, is ook ongewoon: de meeste architecten kiezen voor een lagere positie, voor een vogelvluchtperspectief.

Materialiteit speelt een belangrijke rol in het werk van Zumthor en dat zie je ook bij het werk van Sigurd Lewerentz. Als je de kerken bezoekt die Lewerentz in Stockholm en Malmö heeft gebouwd, dan gebeurt er iets met je. Je bent plotseling zelf 1000 jaar oud, op een hele prettige manier. Deze ervaring wordt opgeroepen door de materialiteit van de baksteen, of liever gezegd: door de stem van de baksteen. Je kunt ze horen, die bakstenen met hun heel tastbare voegen, ze praten als het ware, ze murmelen... We weten dat Lewerentz elke morgen net zo vroeg op de bouwplaats arriveerde als de metselaars. Dan wees hij met zijn paraplu naar de juiste baksteen in de stapel en vervolgens naar de plaats in de muur waar die baksteen moest komen.

Ik wil met nadruk zeggen dat sfeer absoluut niets met stijl te maken heeft. Het werk van de Finse architect Juha Leiviskä heeft bijvoorbeeld niets te maken met de zwaarte en de materialiteit die het werk van Lewerentz en Zumthor kenmerkt. Toch is zijn werk heel sfeervol. Juha Leiviskä's werk is verrassend muzikaal. In de Myyrmäkikerk kun je de ruimte *horen*. Het ritme van de muren en het ritme van het licht zijn in de meeste van zijn bouwwerken heel mooi, maar vooral hier, in deze kerk. Juha Leiviskä speelt zelf piano en hij houdt het meest van Mozart. Hij heeft wel eens opgebiecht dat hij zich voor het ritme van de kerkruimte heeft laten inspireren door het Nederlandse neoplasticisme en de Beierse rococo. Ik kan me voorstellen dat zijn werk voor Peter Zumthor misschien te weinig vasthoudt aan de zwaartekrach; die houdt van meer geaard werk.

Een van de meest sfeervolle ruimten die ik ken is de Kärtner Bar in Wenen van Adolf Loos. Ik ben daar denk ik in het midden van de jaren 1960 geweest. Het is er donker en klein, en het bevat maar één vertrek, hoewel spiegels de ruimte tot in het oneindige weerkaatsen. Heel indrukwekkend. In het Sacher Hotel had ik een nóg sterkere ervaring: ik stond bij de receptie, ik had een afspraak met een vriend. Waarschijnlijk vroeg ik de receptionist naar zijn kamernummer. Plotseling begonnen de drie jonge mannen achter de balie heel zenuwachtig te doen.

Sfeer, mededogen en belichaamde ervaring

Zoltan Popovits, *Nahkatakki* (leather jacket), red clay, 1964. The first art work that Juhani Pallasmaa acquired, is placed in the entrance hall to his office in Helsinki. the first work of art that Pallasmaa purchased, and which is placed in the entrance hall of his office / Zoltan Popovits, *Nahkatakki* (leren jas), rode klei, 1964. Het eerste kunstwerk dat Juhani Pallasmaa kocht, hangt in de hal van zijn kantoor in Helsinki.

Ik realiseerde me dat er een belangrijk persoon de lobby binnen-
kwam. Ik wilde niet omkijken, dus ik stond daar maar. Ik voelde
dat er een hele grote man naast me kwam staan. Ik rondde mijn
zaakjes af en zonder direct naar hem te kijken, draaide ik me
om en ik herkende Orson Welles, de Amerikaanse acteur! Zijn
persoonlijkheid was zó krachtig, ik zal het nooit vergeten. Ik
herinner me niets meer van de architectuur van het hotel, maar
ik weet nog wel hoe de aanwezigheid van Orson Welles aanvoel-
de. Een gedenkwaardige sfeer kan dus ook worden bepaald door
de aanwezigheid van een indrukwekkend persoon. Sfeer is een
samensmelting van natuurlijke, architectonische, culturele, sociale en menselijke ingrediënten tot een unieke ervaring.

Vertaling: InOtherWords, Maria van Tol

Juhani Pallasmaa

Orchestrating Architecture
Atmosphere in Frank Lloyd Wright's Buildings

Modernity at large has been more interested in form than feeling, surface than materiality and texture, focused imagery than enveloping space, shape than ambience and atmosphere. Yet, there are modern and contemporary architects whose spaces have an atmospheric character, that one feels as a haptic embrace on one's body rather than as a mere external retinal image. These atmospheric spaces engage us and make us participants in the space instead of remaining as inactive onlookers. The atmospheric architects of modernity, most notably Alvar Aalto, Gunnar Asplund, Hans Scharoun and Sigurd Lewerentz, seem to be part of the *Other Tradition of Modern Architecture*, to quote the title of Colin St John Wilson's book.[1] Frank Lloyd Wright's buildings, also, project a tactile and embracing character that is felt through the body and skin as much as by the eye. All the way from his early works, such as the Unity Temple, the Robbie House and the Imperial Hotel (in photographs this dismantled building appears exceptionally textural and tactile, like a man-made stalactite cavern), to his modern masterworks, the Fallingwater House and Johnson Wax Company Building, his buildings project a sensual presence and atmosphere. These spaces could be called haptic and 'dense' spaces, in the sense of the significant role of textural and material stimuli and varied illumination that enhances the tactile realm. The deliberate reduction of scale – a miniaturisation of sorts – adds to the experience of nearness and intimacy.

Wright, in fact, seemed to be quite conscious of the importance of atmospheres in architecture. 'Whether people are fully conscious of this or not, they actually derive *countenance* and *sustenance* (Italics by FLW) from the "atmosphere" of things they live in and with,' he writes.[2] The fact that he suggests an unconscious impact is also significant, as ambiences and feelings are usually registered subconsciously as merged multisensory and unfocused experiences. Due to this subliminal nature, immateriality and formlessness of the atmospheric experience, it is difficult to identify, analyse and theorise, not to speak of deliberately aiming at in the design process. Architectural atmosphere is thus bound to be a reflection of the designer's synthetic existential sense, or sensitive feeling for being, which fuses all the sense stimuli into a singular embodied experience.

Altogether, the most essential architectural qualities seem to arise instinctively from the designer's sense of his/her body rather than conscious and intellectually identified objectives. In addition to – or as part of – his intuitive grasp of the significance of atmospheres, Wright was also instinctively sensitive to other architectural qualities, such as the reading of the essence of the landscape, its dynamism, rhythm, materiality, history and hidden primordial narratives. In his book *The Wright Space: Pattern and Meaning in Frank Lloyd Wright's Houses,* Grant Hildebrandt studied Wright's extraordinary instinctual understanding of the meaning of the mental polarity of 'refuge' and 'prospect', the dialectics between a sense of protective enclosure and safe and comforting intimacy on the one hand, and an open, overall vista across the landscape or setting on the other, which provides a means of anticipation and control of the environment.[3] As ecological psychologist Jay Appleton has suggested, these are bio-historically acquired instinctual and unconscious environmental reactions, brought about by

1
Colin St John Wilson, *The Other Tradition of Modern Architecture: The Uncompleted Project* (Londen: Black Dog Publishing, 1995, 2007).
2
Frank Lloyd Wright Foundation. Original quote from Frank Lloyd Wright, *The Natural House* (New York: Horizon Press, 1958), 135.
3
Grant Hildebrandt, *The Wright Space: Pattern and Meaning in Frank Lloyd Wright's Houses* (Washington: University of Washington Press, 1991).

Juhani Pallasmaa

Het orkestreren van architectuur
Sfeer in de gebouwen van Frank Lloyd Wright

De meeste modernisten waren meer geïnteresseerd in vorm dan gevoel, meer in oppervlak dan materiaal en textuur, meer in beeldvorming dan de omringende ruimte en meer in gestalte dan stemming en sfeer. Toch zijn er door modernistische en hedendaagse architecten sfeervolle ruimten gemaakt, die zich als een warme omarming om ons lichaam vouwen en niet uitsluitend op ons netvlies blijven steken. Een sfeervolle ruimte spreekt al onze zintuigen aan en maakt dat we deelnemen aan die ruimte, er niet alleen naar kijken. De sfeerarchitecten van het modernisme, vooral Alvar Aalto, Gunnar Asplund, Hans Scharoun en Sigurd Lewerentz maken, om de titel van Colin St John Wilson's boek te gebruiken, deel uit van de zogenaamde *Other Tradition of Modern Architecture*.[1]
Ook de sfeer in de gebouwen van Frank Lloyd Wright is aanraakbaar en koesterend, en dat is even goed met het lichaam en de huid waar te nemen als met het oog. Al zijn gebouwen, van de allervroegste zoals de Unity Temple, het Robie House en het Imperial Hotel (een gebouw dat er op de sloopfoto's buitengewoon tectonisch en aanraakbaar uitziet, als een kunstmatige druipsteengrot) tot zijn modernistische meesterwerken als het Fallingwater House en het hoofdkantoor van Johnson Wax hebben een sensuele aanwezigheid en sfeer. Je zou het haptische en compacte ruimten kunnen noemen: ik bedoel daarmee dat het tastbare domein wordt versterkt door middel van textuur, materiaal en een gevarieerde verlichting. De opzettelijke schaalverkleining – een soort miniaturisatie – versterkt de ervaring van nabijheid en intimiteit.

Wright leek zich in feite heel goed bewust van het belang van sfeer in de architectuur.

'Of mensen zich er nu volledig bewust van zijn of niet, ze ontlenen *gemoedsrust* en *steun* [cursief van FLW] aan de 'sfeer' van de dingen waar ze in en tussen leven,' schrijft hij.[2] Hij verwijst hier naar een onbewuste invloed en dat is veelzeggend, want ambiance en emoties worden gewoonlijk onbewust geregistreerd, als een amalgaam van multi-zintuiglijke en ongerichte ervaringen. Vanwege die subliminaliteit, immaterialiteit en vormeloosheid is het lastig de ervaring van sfeer te identificeren, te analyseren of erover te theoretiseren, en dan hebben we het nog niet eens over de opzettelijke pogingen om sfeer te creëren tijdens het ontwerpproces. Sfeer in de architectuur kan daarom alleen maar een reflectie zijn van het synthetiserende, existentiële besef van de ontwerper, van een gevoeligheid voor het zijn, die alle zintuiglijke prikkels samensmelt tot een enkelvoudige belichaamde ervaring.

Alles bij elkaar genomen lijken de belangrijkste waarden van de architectuur eerder onwillekeurig voort te komen uit het lichaamsbewustzijn van de ontwerper dan uit bewust en intellectueel gestelde doelen. Naast (of misschien als onderdeel van) zijn intuïtieve begrip van de betekenis van sfeer was Wright ook instinctief gevoelig voor andere architectonische waarden, zoals het lezen van de essentie van een landschap: zijn dynamiek, ritme, materialiteit, geschiedenis en zijn verborgen, primordiale verhalen. In zijn boek *The Wright Space: Pattern and Meaning in Frank Lloyd Wright's Houses* onderzocht Grant Hildebrandt Wright's buitengewone instinctieve inzicht in de betekenis van de mentale polariteit van 'toevluchtsoord' en 'vergezicht'; van de dialectiek tussen enerzijds de bescherming van het comfortabel en intiem binnengesloten zijn, en anderzijds het gevoel van overzicht en controle dat het weidse uitzicht over het land en de omgeving biedt.[3]

1
Colin St John Wilson, *The Other Tradition of Modern Architecture: The Uncompleted Project* (Londen: Black Dog Publishing, 1995, 2007).
2
Frank Lloyd Wright Foundation. Oorspronkelijk citaat uit Frank Lloyd Wright, *The Natural House* (New York: Horizon Press, 1958), 135.
3
Grant Hildebrandt, *The Wright Space: Pattern and Meaning in Frank Lloyd Wright's Houses* (Washington: University of Washington Press, 1991).

Landscape near Taliesin West, Arizona / Landschap bij Taliesin West, Arizona. Photo / foto Bruno Notteboom

sensibility could well be named as the sixth human sense. This difficulty is parallel to the fact that our emotions, reactions, moods and behaviour are fundamentally conditioned by our unconscious motifs, which we can hardly identify due to their essence outside of consciousness. Another problem for an analytic effort arises from the fusion of opposites and internal contradictions characteristic of all profound works of art and architecture.

The Taliesin West complex rests in its Sonoran desert setting as if it had been there before the landscape. Architecture arises from the land and landscape, but at the same time it gives the setting new readings and meanings. These architectural structures seem to mediate images and vibrations of some primordial and mythical origins. Wright's use of 'desert concrete' (desert stones and boulders set in the formwork with viscous concrete to appear simultaneously as a masonry wall and cast structure) echoes the desert floor and terrain, whereas the architectural geometries evoke distant geological processes and early Native American cosmological structures. The compound actually contains several ancient petroglyphs, while the architectural ornamentation in Wright's buildings suggests Native American motifs. The buildings fuse opposite images, such as suggestions of ruins and Utopia, togetherness and solitude, weight and lightness, gravity and flight, the impenetrable darkness of shadows and the purifying light filtered through surfaces of stretched white canvas. Further polarities keep coming to the observer's mind: a cave and a kite, agelessness and novelty, uniqueness and tradition, recklessness and safety.

The domestication of fire has a central role in the development of human culture and psyche. Vitruvius connects the beginnings of architecture to the domestication of fire. Recent studies in the origins of language also associate the beginnings of linguistic communication with the taming of fire. Fire has been the focal point of human societies for tens of thousands of years, and the experience of gathering around a fire continues to evoke a sense of centre, safety and togetherness. Besides, staring at flames is one of the strongest enticements for fantasy, dreaming and imagination. Leonardo advised artists to stare at a crumbling wall in order to achieve a state of inspiration, but, as Gaston

processes of natural selection. Wright's houses provide this duality of a protective centre and an open peripheral vista, that is they seem to simulate the environmental conditions of the early human development on the African savannah, and consequently, they provide a strong sense of protection and well-being even today.

Recently I had the opportunity of staying five months at Frank Lloyd Wright's Taliesin West desert studio in Arizona, built in 1937-1938 as an 'architectural sketch', as the architect characterises the project, and kept expanding and altering it until his death. Having myself developed a deep interest in architectural atmospheres, the stay offered a unique possibility to sense and identify the design strategies of this great architectural talent. My experiences and observations confirmed my assumption that atmospheres could be the most comprehensive and integrated of architectural qualities, but connected so deeply and complexly with our awareness, sense of self, and bio-cultural instinctual reactions that they can hardly be conceptualised and verbalised. Our atmospheric

Taliesin West Studio, Arizona, Frank Lloyd Wright.
Photo/foto Bruno Notteboom

Ecologisch-psycholoog Jay Appleton merkte
op dat dit bio-historisch verworven, instinctieve
en onbewuste reacties op de omgeving zijn, en
het resultaat van natuurlijke selectie. Wright's
huizen voorzien in deze dualiteit door een be-
schermende kern te combineren met een open
uitzicht naar buiten. Met andere woorden, ze
lijken de omgeving na te bootsen waaronder
de vroege mensheid op de Afrikaanse savanne
leefde en die dientengevolge ook nu nog een sterk
gevoel van veiligheid en welbevinden levert.

Onlangs was ik in de gelegenheid vijf maanden in Taliesin West door te brengen, Frank
Lloyd Wright's studiocomplex in de woestijn
van Arizona. De studio werd gebouwd in de
jaren 1937-1938 als een 'architectonische
schets', zoals de architect zelf het project noem-
de. Hij is het tot zijn dood blijven uitbreiden en
veranderen. Omdat ik zelf een grote belangstelling heb voor sfeer in de architectuur, stelde
mijn verblijf daar me in de unieke gelegenheid
om de ontwerpstrategieën van dit grote architectonische talent te observeren en te leren kennen. Wat ik heb daar gezien en ervaren, heeft
mijn veronderstelling bevestigd dat sfeer waarschijnlijk de meest omvattende en geïntegreerde
van alle architectonische kwaliteiten is – maar
dan zó diep en ingewikkeld verbonden met ons
bewustzijn, ons gevoel van zelf en onze bio-cul-
turele instinctieve reacties dat ze nauwelijks
kan worden geconceptualiseerd of verwoord.
Onze sfeergevoeligheid zou heel goed het zesde
menselijke zintuig kunnen worden genoemd.
Dit verwoordingsprobleem hangt samen met
het feit dat onze emoties, reacties, stemmingen
en gedrag fundamenteel worden bepaald door
onze onbewuste motieven, en die kunnen we

nauwelijks waarnemen, omdat ze zich per
definitie buiten ons bewustzijn bevinden. Een
ander probleem waar een mogelijke analyse
op stukloopt, is dat alle grote kunstwerken
en architectuur worden gekenmerkt door het
samengaan van tegenstellingen en innerlijke
tegenspraken.

Het Taliesin West-complex ligt in de
Sonorawoestijn alsof het er al lag vóór het landschap ontstond. Architectuur ontstaat uit het
land en het landschap, maar biedt tegelijkertijd
nieuwe lezingen en betekenissen. Deze architectonische structuren lijken beelden en vibraties
uit een heel ver, misschien wel mythisch, verleden uit te beelden. In een afspiegeling van de
bodem- en terreingesteldheid van de woestijn
gebruikt Wright 'woestijnbeton' (in de bekisting
gaan stenen en keien uit de woestijn en kleverig
beton; dit gaat er uit zien als een muur die zowel
gemetseld als gegoten is). De architectonische
geometrie doet denken aan eeuwenoude geolo-
gische processen en vroege, Indiaanse kosmolo-
gische modellen. Binnen het complex bevinden
zich zelfs verscheidene eeuwenoude rotstekenin-
gen en de ornamenten op Wright's gebouwen
verwijzen naar Indiaanse motieven. In de gebouwen komen tegengestelde beelden samen,
zoals verwijzingen naar ruïnes en utopieën, naar
saamhorigheid en eenzaamheid, naar zwaarte
en lichtheid, naar zwaartekracht en gewicht-
loosheid, naar het ondoordringbare duister van
schaduwen en de zuiverende kracht van licht
dat wordt gefilterd door opgespannen lappen
witte canvas. De beschouwer merkt steeds
nieuwe tegenstellingen op: de grot en de vlieger,
tijdloosheid en noviteit, uniek en traditioneel,
roekeloosheid en veiligheid.

De domesticatie van het vuur speelt een
centrale rol in de ontwikkeling van de menselijke cultuur en psyche. Vitruvius brengt het
begin van de architectuur in verband met de domesticatie van het vuur. Ook in recent onderzoek naar de oorsprong van de taal wordt het
begin van de talige communicatie geassocieerd
met het getemde vuur. Het vuur fungeert al tien-
duizenden jaren als middelpunt van menselijke
samenlevingen en de ervaring van het samen-
scholen rond het vuur roept nog altijd een
gevoel van gerichtheid, veiligheid en saamhorigheid op. Daarnaast is in het vuur staren een van
de sterkste prikkels om te fantaseren, te dromen
en te verbeelden die er bestaan. Leonardo leerde

Taliesin West Studio, Arizona, Frank Lloyd Wright.
Photo / foto Bruno Notteboom

Bachelard has suggested in his books on imagination, flames and their opposite, water, are the true stimulants for imagination; in the philosopher's view, they are the two truly poetising substances. Not surprisingly, Wright also recognised the atmospheric and imaginative power of water and integrated water in most of his projects.

Frank Lloyd Wright's houses always centre on a fireplace, or a cluster of them. At the Taliesin West there are numerous fireplaces, even in the studios and other work spaces, dining rooms and outdoor terraces. The fireplaces are used to provide heat for the rooms, which originally did not even have glass to close the openings, but more importantly, the huge fireplaces, arising directly from the floor, large enough for a person to enter, project an extraordinary sense of warmth and welcoming, both physical and psychological. Besides, they create points of focus and images of gathering together. Sound and music are omnidirectional and embracing experiences in contrast to the directional and externalising sight. In Wright's pedagogic thinking and life, music had a central role (there are nearly ten different pianos at Taliesin West alone), and this seems inevitable for someone interested in highly emotive and moving atmospheres.

Here at Taliesin West, nature is the setting, but it also literally takes over the human constructions, suggesting temporal duration, and eventual decay. Wright's favourite colour, Cherokee red, blends concrete floors as well as steel and wood structures with the colours of the desert and the sunset. Wright often made the remark that there are no continuous and hard lines in the desert; the lines of the desert are broken and 'dotted'. At Taliesin West, the eave lines are broken by small ornamental cubic blocks to echo the thorny and prickly edges of the Sonoran plants. When thinking of Wright's way of blending buildings in the landscape, I want to use the word 'orchestration' to emphasise his intuitive manner of integration through similarity and contrast into a unified, but dynamic unity, as in musical counterpoint.

Frank Lloyd Wright's architecture is 'a natural architecture', not primarily in any biomorphic or mimetic sense, or due to Wright's own use of the notion of 'organic architecture', but in its deep grasp of the genetically derived ways in which we are in constant dialogue with our settings and domicile. 'Natural architecture' arises from our modes of being human, being part of nature and culture at the same time, and from observing life and human behaviour itself, not from theoretical constructs or rationalisations. A deliberate and conscious idea of fusing the abstract geometries of neoplasticism and geometric motifs of Native American tradition, images of Meso-American ruins and a spiritualist camp, universalism and locality, cosmos and an intense sense of place – all characteristics of Taliesin West – would surely be doomed to failure. Only a sensitive mind that has internalised all of this and much more can succeed in this impossible task of orchestration. As Rainer Maria Rilke tells us, verses in poetry are not mere feelings; they are experiences.[4] But these experiences have to be forgotten and turned into the blood in the poet's veins before they can give birth to the first line of verse.

4
'For poems are not, as people think, simply emotions (one has emotions early enough) – they are experiences.' Rainer Maria Rilke, *The Notebooks of Malte Laurids Brigge* edited and translated into English by Stephen Mitchell (New York: Vintage International, 1990 [1910]), 19.

kunstenaars naar een afbrokkelende muur te staren om geïnspireerd te raken, maar zoals Gaston Bachelard heeft opgemerkt in zijn boeken over verbeelding kunnen alleen de vlammen en hun antithese, water, werkelijk tot de verbeelding spreken; volgens de filosoof zijn dat de twee waarachtig poëtiserende elementen. Het is niet zo verbazingwekkend dat ook Wright de sfeerverhogende en tot de verbeelding sprekende kracht van water onderkende en in de meeste van zijn projecten liet terugkomen.

In de huizen van Frank Lloyd Wright staat altijd een open haard centraal, of meerdere. Taliesin West heeft talloze haarden, zelfs in de studio's en andere werkruimten, in de eetkamers en op de buitenterrassen. Vroeger dienden de haarden om de kamers te verwarmen – oorspronkelijk zat er niet eens glas in de openingen, maar wat belangrijker is: de enorme haarden, die reiken vanaf de vloer en zó groot zijn dat er een mens in kan staan, stralen een buitengewone warmte uit en verwelkomen je in zowel fysiek als psychisch opzicht. Ze scheppen daarnaast een middelpunt en ze roepen beelden op van samenzijn. Geluid en muziek trillen alle kanten op en de ervaring ervan is veel fysieker dan de ervaring van het gerichte, externalistische zien. In het leven en de pedagogische denkbeelden van Wright nam muziek een centrale plaats in (op Taliesin West alleen al iets van tien verschillende piano's), wat onvermijdelijk lijkt voor iemand met belangstelling voor sferen die op het gemoed werken en ontroeren.

De natuur is niet alleen de achtergrond waartegen Taliesin West afsteekt, maar neemt ook letterlijk de plaats in van kunstmatige constructies, en drukt daarmee het verstrijken van de tijd uit en het uiteindelijk verval. Wright's lievelingskleur, Cherokee Red, brengt zowel de betonnen vloeren als de stalen en houten constructies in harmonie met de kleuren van de woestijn en de zonsondergang. Wright zei vaak dat er in de woestijn geen continue en rechte lijnen waren; in de woestijn zijn de lijnen onderbroken of 'gestippeld'. De stekende, prikkende randen van de planten in de Sonorawoestijn komen terug in de decoratieve rechthoekige blokjes, die de lijnen van de boeiboorden van Taliesin West onderbreken. De manier waarop Wright gebouwen laat opgaan in het landschap zou ik, om de intuïtieve manier te benadrukken waarop hij gelijkenis en contrast integreert in een eenvormige,

maar dynamische eenheid, 'orkestrerend' willen noemen, als bij contrapuntische muziek.

De architectuur van Frank Lloyd Wright is 'een natuurlijke architectuur'; niet hoofdzakelijk in biomorfe of mimetische zin, of vanwege Wright's eigen gebruik van het concept 'organische architectuur', maar omdat ze stevig in de greep is van de genetisch bepaalde manier waarop we onafgebroken in dialoog zijn met onze omgeving en onze verblijfplaats. 'Natuurlijke architectuur' ontstaat uit de manier waarop we mens-zijn, waarop we tegelijkertijd deel van de natuur en van de cultuur zijn, en uit de waarneming van het leven en het gedrag van de mensen zelf, niet uit theoretische constructies of rationalisaties. Wie opzettelijk en bewust zou proberen de abstracte geometrieën van het neoplasticisme te combineren met traditioneel Indiaanse geometrische motieven, met afbeeldingen van Meso-Amerikaanse ruïnes en een spiritualistische nederzetting, met universalisme en lokaliteit, met de kosmos en een intens gevoel van plaats – allemaal te vinden in Taliesin West – zou ongetwijfeld gedoemd zijn te falen. Alleen iemand met een gevoelige geest, die zich dit alles en nog veel meer heeft eigen gemaakt, kan de onmogelijke opgave zoiets te orkestreren tot een goed einde brengen. Volgens Rainer Maria Rilke zijn dichtregels geen gevoelens; het zijn ervaringen.[4] Maar deze ervaringen moeten vergeten worden en getransformeerd tot het bloed in de aderen van de dichter, voordat ze aan ook maar een enkele versregel het leven kunnen schenken.

4
'Want gedichten zijn niet, zoals mensen denken, simpele emoties (die heeft men vroeg genoeg) – het zijn ervaringen.' Rainer Maria Rilke, *The Notebooks of Malte Laurids Brigge* (redactie en vertaling naar het Engels: Stephen Mitchell; vertaling naar het Nederlands: Paul van Ostaijen) (New York: Vintage International, 1990 [1910]), 19.

Klaske Havik and Gus Tielens

Concentrated Confidence
A Visit to Peter Zumthor

'The sensitivity to atmospheres,' states Peter Zumthor, pointing
at the corner of the room where a translucent curtain touches
shiny wooden panels, 'is in a way the classic task of the architect.
You have to be passionate for architecture as a real thing:
the presence of architecture. First of all you have to see it in a
reality, be sensitive to each situation. You have to like it, you
have to like the way this curtain looks, how the light falls on the
different surfaces; if you look outside you have to like the way
the bicycles are parked. As an architect I am interested in this
because I create real things. I don't create virtual things: I am
not creating ideas and abstractions. Therefore I have to focus on
my material, I have to understand why and when things look the
way they do, why this is high and this is dark and this is light.'

Understanding Landscape
A slow journey in the night train from the Netherlands to Basel,
Zurich and Chur. Our train is a line crossing through a white and
foggy landscape. When making a turn, the backside of the train
becomes visible through the window, set against the mountains.
Here, there is no horizon, not the ever-present sky we are used to
see from our Dutch train windows, here we are embraced by the
landscape, here buildings are subordinate to the landscape.

This landscape is the setting of Peter Zumthor's office.
Haldenstein, a small village set against the mountains close to
Chur. A stone castle, a fountain as the centre of the community,
houses built against the steep mountain, in stone and wood.
The wooden building of Peter Zumthor's office blends into the
repetitive pattern of houses. In the garden, a table tennis table,
young architects in thick coats taking a break, and a few
mock-ups.
    Peter Zumthor points at a small model of a mountainous
landscape. It shows a greyish slope and a few small existing
volumes. Under the model, a small box with grey clay and a
spatula to make changes. It is a different site than the initial one,
states Zumthor: 'The client first wanted to buy another site,
but I advised him not to do this. I could not do the job if the site
was unsuitable. It has to be a beautiful landscape, otherwise it is
not worthwhile.' The new site is more suitable. However, the
study of the landscape model has brought to the surface another
problem: the new volume, according to Zumthor, needs to be
placed just at the edge of the site: 'My intuition tells me I cannot
build anywhere here. I would like not to touch this slope, but
rather have it as a front yard park, and position the building just
on the edge, overlooking the slope. I thus called the client and

Klaske Havik en Gus Tielens

Geconcentreerd vertrouwen
Een bezoek aan Peter Zumthor

'Gevoelig zijn voor sfeer,' zegt Peter Zumthor, terwijl hij naar
een hoek van de kamer wijst waar een doorschijnend gordijn
het glanzende houten beschot raakt, 'is de klassieke taak van de
architect. Je moet houden van architectuur als iets dat echt is,
van de aanwezigheid van architectuur. Om te beginnen moet je
architectuur in de werkelijkheid waarnemen, gevoelig zijn voor
allerlei situaties. Daar moet je van houden; je moet het prettig
vinden te kijken naar de manier waarop een gordijn eruit ziet,
hoe het licht op de verschillende oppervlakken valt. Als je naar
buiten kijkt, moet je gecharmeerd zijn van de manier waarop de
fietsen geparkeerd staan. Ik ben architect en die dingen interesse-
ren me, omdat ik dingen maak die werkelijk bestaan. Ik schep
geen virtuele dingen, ik kom niet met ideeën en abstracties. Ik
dien me dus te concentreren op het materiaal waarmee ik werk
en te begrijpen waarom en wanneer dingen eruit zien zoals ze
eruit zien, waarom dit hoog is en dat donker en dat licht.'

Het begrijpen van landschap
Langzaam reizen we per nachttrein van Nederland naar Basel,
Zürich en Chur. Onze trein trekt een streep door een wit en mistig
landschap. In de bochten kunnen we door het raam het achtereinde
van de trein zien dat zich aftekent tegen de bergen. Hier is geen
horizon, de alomtegenwoordige hemel die we in Nederland gewend
zijn vanuit de trein te zien ontbreekt hier. We worden omarmd
door een landschap waaraan gebouwen ondergeschikt zijn.

Dit landschap vormt het decor voor het bedrijf van Peter
Zumthor. Haldenstein is een klein dorp dat tegen de bergen nabij
Chur aanligt. Een stenen vesting, een fontein die als middelpunt
van het dorp fungeert en huizen in steen en hout die tegen de
steile berg zijn gebouwd. Het ateliergebouw van Peter Zumthor
is van hout en sluit naadloos aan bij het zich herhalende patroon
van de huizen. In de tuin een tafeltennistafel, een paar pauzerende
jonge architecten in dikke jassen, een paar mock-ups.
       Peter Zumthor wijst naar een kleine maquette van een
bergachtig landschap. Het bestaat uit een grijzige helling met
daarop enkele kleine bestaande volumes. Eronder staat een
doosje met een spatel en wat grijze klei om veranderingen aan te
brengen. Dit is een andere locatie dan eerst, zegt Zumthor:
'De opdrachtgever wilde eerst een ander stuk grond kopen, maar
dat heb ik hem afgeraden. Ik kon zijn opdracht niet uitvoeren
op een daarvoor ongeschikte locatie. Het landschap moet mooi
zijn, anders is het de moeite niet waard.' De nieuwe locatie bevalt
Zumthor beter. Bij de bestudering van de landschapsmaquette
is echter een nieuw probleem aan het licht gekomen: volgens

told him we should also purchase the adjacent plot.' For Peter Zumthor, the setting of his projects in the landscape or urban environment is of utmost importance, and he is in the fortunate position to select his commissions and advise his clients in order to create the best conditions for the work to come about. If one is determined to construct atmospheres, it starts with the creation of excellent conditions.

In his 2006 publication *Atmospheres*, Zumthor speaks of the idea of architecture as a human environment, as a transcendent level in his work: 'That really appeals to me: the idea of creating a building, or big complex of buildings, or even a small one, and that it becomes part of its surroundings.'[1] In the project for a museum in a mining area in Norway, the landscape is leading. Numerous black models show the volumes anchored in the mountain. One of them is a café. The design strongly organises the view: windows are positioned in such a way that only when seated does the visitor have a view towards the landscape. Rather than a huge glazed façade, this positioning of windows forces people to concentrate, Zumthor confirms: 'These views on the canyons, the mines, the fjords and the fjelden are the very reason of one's visit. I therefore enjoy framing the landscape: it strengthens the power of the place. Frames are nice.' The landscape is addressed at different scales at the same time. Pointing at two models, a 1:1 model of a lamp and a 1:20 façade model of the café, Zumthor states: 'This is about the smallest details, the materials and about the site, the landscape simultaneously.' The models raise a discussion about the façade of the building, the positioning of the armatures and how to emphasise the entrance and indicate the different parts of the building.

An assistant comes along and shows the lights earlier designed by Zumthor for another project. The idea is to use and transform them for the Norwegian project.

1
Peter Zumthor, *Atmospheres. Architectural Environments. Surrounding Objects* (Basel: Birkhäuser, 2006), 63.

Therme Vals

'You want to use my lighting?
Hmm, hmm, yeah, transform it, yeah.
And now we want to know where the information is put.
Should we paint it directly on the wall?
In the middle? Here?
Should we use four lamps?
Or just two?
Take these down.
Okay, let's do it without the light in the middle.
No, probably not.
Now take a photo and show it to the graphic designer.
Let's see what the graphic designer makes of it.
What do you think; does it look a bit old fashioned?
There is something very romantic, but also very simple . . . I think.
Put them in.'

Zumthor moet het nieuwe volume precies aan de rand van de locatie staan: 'Ik heb het gevoel dat ik hier nergens kan bouwen. Ik wil de helling liever niet raken, ik wil dat ze fungeert als een hele grote voortuin en het gebouw net op het randje neerzetten, met uitzicht op de helling. Dus ik heb de opdrachtgever gebeld en gezegd dat we het stuk grond ernaast ook moesten kopen.' De situering van zijn projecten in een landschap of stedelijke omgeving is voor Peter Zumthor van het allergrootste belang, en hij verkeert in de gelukkige positie dat hij de opdrachten voor het uitkiezen heeft en dat zijn opdrachtgevers naar hem luisteren, als hij ze vertelt wat de beste omstandigheden voor de realisatie van een project zijn. Voor wie vastbesloten is sfeer te maken, is het scheppen van de juiste voorwaarden stap één.

In zijn in 2006 gepubliceerde *Atmospheres* vat Zumthor architectuur op als een menselijke omgeving, die een transcendente laag in zijn werk vormt: 'Dat spreekt me erg aan: de gedachte een gebouw te maken – een groot gebouwencomplex, of een gebouwtje – dat onderdeel gaat uitmaken van zijn omgeving.'[1] In zijn project voor een museum in een Noorse mijnstreek geeft het landschap de toon aan. Op een groot aantal zwarte maquettes staan de volumes als aan de berg geketend. Een ervan is een café. Het uitzicht wordt in hoge mate bepaald door het ontwerp: ramen zijn zó geplaatst dat de gasten het landschap alleen kunnen zien, wanneer ze zijn gaan zitten. Anders dan een grote glazen pui dwingt deze raamplaatsing mensen zich te concentreren, bevestigt Zumthor: 'Mensen komen hier speciaal naar toe om de ravijnen, de mijnen, de fjorden en de fjelden [bergen] te zien. Dus ik vind het leuk om het landschap in te kaderen: dat vergroot de impact van deze plek. Ik hou van kaders.' Hij pakt het landschap op verschillende schalen tegelijk aan. Zumthor wijst naar twee maquettes: een 1:1 model van een lichtarmatuur en een 1:20 model van het café, en zegt: 'Dit gaat tegelijkertijd over de kleinste details, over de materialen en over de locatie, het landschap.' De maquettes stellen de gevel van het gebouw aan de orde, de plaatsing van de lampen, de vraag hoe de entree het best tot haar recht komt, hoe de verschillende gebouwonderdelen het beste kunnen worden gemarkeerd.

Er komt een assistent langs die de armaturen laat zien, die Zumthor eerder voor een ander project heeft ontworpen. Hij is van plan deze lampen aan te passen en ze te gebruiken voor het Noorse project.

> 'Wil je mijn lampen gebruiken?
> Hmm, hmm, ja, op een aangepaste manier, ja.
> En nu willen we weten waar de informatie komt.
> Zullen we het direct op de muur schilderen?
> In het midden? Hier?
> Zullen we vier lampen gebruiken?
> Of maar twee?
> Haal deze weg.
> Oké, we halen het licht in het midden weg.

1
Peter Zumthor, *Atmospheres. Architectural Environments. Surrounding Objects* (Basel: Birkhäuser, 2006), 63.

Geconcentreerd vertrouwen

Therme Vals

Inhabiting

Our visit to Peter Zumthor's office starts by entering the wood-clad volume, the part of the office built in the late 1980s. Apart from the entrance and one small window, it is closed on one side, while it has big windows towards the garden on the other. We drink coffee, look at some drawings and models and wait a while. Then, we are invited to the other building, a more recent part of the office in cast concrete, a U-shaped volume around a garden. Peter Zumthor welcomes us in his office. We take off our shoes, a habit at these premises, where snow-covered shoes may cause melt water on the floors. On socks, we walk past some desks, facing the courtyard, then turn left and pass a room full of models and a meeting table – models and papers, on walls, tables, chairs and floor. We turn left again, around the courtyard.

This is Peter Zumthor's room. Wood, carpet, translucent curtains. A fireplace, a low table, a sofa and an Eames chair. Books, a contrabass, a painting. The space feels familiar. Peter Zumthor speaks slowly; with a soft voice in short, unfinished sentences, as if thinking out loud.

'The Eames chair, I like this chair with its history. History provides ground to stand on. We come from somewhere. Most of the things around us are older than we are. Even trees survive us. That is good. History is a good thing for human beings. Without it we would feel alienated and displaced. I am not talking about history taught at universities. I'm not interested in that. Rather I would emphasise the history that is stored in the landscapes, in cities and buildings, stored in the objects we live with. When you ask me what comes to my mind when I think of the theme of atmosphere, it is this presence of history: old factories, industrial buildings – specifically old brick factories actually: pure constructions, full of atmosphere. There exist images of the Meelfabriek in Leiden, the project in the Netherlands I am currently working on, that have this kind of strength as well.'

The idea of anchoring a building in its surrounding landscape also has to do with a sense of history. In his book *Atmospheres*, Zumthor ponders on the role his buildings play in the future life of inhabitants: ' the building becoming part of people's lives, a place where children grow up. And perhaps one of the buildings will come back to them 25 years later, involuntarily, and they'll remember a corner, a street, a square Just the idea of things still being there.'[2] The sense of familiarity that often is at stake in Zumthor's buildings probably has to do with this notion of history. Everything comes from somewhere – even small details like the shelves in the kitchen evoke familiarity. 'The kitchen is the place for the family, for our children and grand children,' says Zumthor when we enter the kitchen, with wooden benches and a ledge for small objects and some books. 'My house is evolving inside out, actually. Anatomy, I call this. Here take this ledge as an example. It is something that originates from our former house across the street. This curve of the bench as well, it is exactly the same as in our former house. It has the same

2
Ibid., 65.

Therme Vals

Nee, ik denk het niet.
Als jij nou een foto maakt en die aan de grafische ontwerper
laat zien.
Eens kijken wat de grafische ontwerper ervan vindt.
Vind je niet dat het er een beetje ouderwets uitziet?
Het heeft iets heel romantisch, maar ook iets heel eenvoudigs ...
denk ik.
Gebruik ze maar.'

Het wonen

Ons bezoek aan het bedrijf van Peter Zumthor begint in een met
hout omkleed volume, het deel van het atelier dat uit het eind
van de jaren 1980 stamt. Op de entree en een klein raampje na is
het atelier aan één kant helemaal gesloten, terwijl er aan de
andere kant, naar de tuin toe, grote ramen zitten. We drinken
koffie, bekijken een paar tekeningen en maquettes, en zitten een
tijdje te wachten. Dan worden we naar het andere gebouw
gebracht, een recenter gebouwd deel van het bureau, een U-vormig
betonnen volume rondom een tuin. Peter Zumthor heet ons
welkom in zijn studio. We trekken onze schoenen uit, dat is hier
gebruikelijk omdat besneeuwde schoenen nog wel eens smelt-
water op de vloeren willen achterlaten. Op onze sokken lopen we
langs een paar bureaus met uitzicht op de binnenplaats, slaan
dan linksaf en passeren een kamer vol maquettes en een ver-
gadertafel – maquettes en vellen papier, aan de muren, op de
tafels, de stoelen en de vloer. We slaan weer linksaf, rondom de
binnenplaats.

Hier is de kamer van Peter Zumthor. Hout, tapijt, doorschijnen-
de gordijnen. Een open haard, een laag tafeltje, een bank en een
Eames-stoel. Boeken, een contrabas, een schilderij. De ruimte
voelt vertrouwd. Peter Zumthor praat langzaam, zijn stem is
zacht, zijn zinnen kort en onvoltooid: alsof hij hardop denkt.
    'De Eames-stoel, dat vind ik een fijne stoel met een verhaal.
De geschiedenis verschaft een fundament. We komen ergens
vandaan. De meeste dingen om ons heen zijn ouder dan wijzelf.
Zelfs bomen overleven ons. Dat is goed. Geschiedenis is goed
voor mensen. Zonder geschiedenis zouden we ons ontheemd en
verloren voelen. Ik heb het niet over de academische geschiedenis.
Die interesseert me niet. Ik heb het liever over de geschiedenis
die is opgeslagen in het landschap, in steden en gebouwen, opgeslagen in de objecten waar we mee leven. Als je mij vraagt waar
ik aan denk bij het thema "sfeer" dan zeg ik: de aanwezigheid
van geschiedenis, aan oude fabrieken, bedrijfsgebouwen – vooral
oude steenfabrieken eigenlijk, dat zijn hele pure constructies
vol sfeer. Er bestaan plaatjes van de Meelfabriek in Leiden, dat
is het Nederlandse project waar ik momenteel aan werk, die zo'n
zelfde kracht uitstraalt.'
    Het idee een gebouw in het omringende landschap te veran-
keren, heeft ook iets te maken met gevoel voor het verleden.
In zijn boek *Atmospheres* filosofeert Zumthor over de rol die gebouwen spelen in het toekomstige leven van de bewoners: '(…)

niche. My daughter once looked at the drawings for our new house and she said angrily: "Where's the ledge?!" That is the familiarity I am looking for.'

This kitchen is located near the 'living' room, where Zumthor welcomed us. His office appears to be intertwined with his private house. 'This is my custom way of life. My work takes place between what we call a *stube*, the salon, on one side and the kitchen on the other side, here on the ground floor. Here you also can go upstairs, where you find more private places. That is the traditional house. In the other direction of the atelier it becomes more and more the office. There actually is no real border between the office and the house, life and work merge here.'

On our way between office and kitchen, Zumthor stops at a model, and replaces some of the furniture and window frames immediately. The model is made out of foam, painted dark brown. It is held together by needles with coloured endings. 'This is a house for a client in Devon,' he explains. 'This is a cheap model to check the spatiality, the proportions, and – as always – the functionality of the design, the use of the spaces. What we do in the model is really and tangibly check the rooms, the radiator, the details, the books, the cupboard for clothes, the writing table. The question is continuously: Does it work? Is everything in the right place? This actually is wrong, I see now. I really need to do this myself. I need to imagine where I would put my suitcase, and where I would sit down to write something, and so on. This very cheap model therefore is just for me. I don't need to impress anybody with this.'

Zumthor continues on the aim of the project, one of the holiday homes commissioned by the Living Architecture initiative of Swiss-British philosopher Alain de Botton. 'We started the second version of this design last summer. The previous version of the design was too big, but it is fine now. The site is really incredible. I like that it somehow looks very English. It is situated on top of a hill and is surrounded by pine trees.'

One floor down, in the basement, is the model workshop. Model parts are stored and arranged by scale on shelves on the walls: tables, chairs, people. A team of about six people is working on a 1:10 model of the Devon building, which is put up on a table at eye level in the midst of the room. 'Can we gather everyone?' Zumthor asks. 'These are two architects from Holland, they're interviewing me about atmospheres! I told them atmospheres are constructed down here.' He then turns to the model. 'Here we have the main living spaces of the retreat: the fireplace, the dining area, and the cooking area. What we are doing now [he turns again to us] is completely different than what we aimed at two years ago, when we knew nothing. Now we know the technical elements: the roof construction, how the floor needs to be built up, everything about regulation, and energy. Now we're able to do the final tweaks, the final calibration of all the elements.'

het gebouw gaat deel uitmaken van het leven van de mensen, wordt een plek waar kinderen opgroeien. En misschien denken ze 25 jaar later onwillekeurig weer eens aan zo'n gebouw en herinneren ze zich een hoek, een straat, een plein (…). Gewoon de gedachte dat dingen er nog steeds zijn.'[2] Het gevoel van vertrouwdheid waar het in de gebouwen van Zumthor vaak om draait, heeft waarschijnlijk iets te maken met deze opvatting van geschiedenis. Alles komt ergens vandaan, zelfs kleine details zoals de planken in de keuken roepen een gevoel van vertrouwdheid op. 'De keuken is een familiekamer, voor kinderen en kleinkinderen,' zegt Zumthor wanneer we de keuken binnengaan, met zijn houten banken en een richel voor kleine spulletjes en wat boeken. 'Mijn huis ontwikkelt zich eigenlijk van binnen naar buiten. Dat noem ik anatomie. Neem nou bijvoorbeeld deze richel. Die hadden we ook in ons oude huis, aan de overkant van de straat. Deze ronding van de bank ook, trouwens, die was in ons vorige huis precies zo en staat op eenzelfde soort plek. Mijn dochter zat een keer de tekeningen voor het nieuwe huis te bekijken en toen zei ze boos: "Waar is de richel?!" Naar die vertrouwdheid ben ik op zoek.'

2
Ibid., 65.

De keuken ligt bij de 'woonkamer' waar Zumthor ons heeft ontvangen. Het atelier en het dagelijkse wonen lijken in elkaar over te lopen. 'Dit is mijn gebruikelijke manier van leven. Mijn werk speelt zich af in een zogenaamde *stube*, geflankeerd door aan de ene kant de salon en aan de andere kant de keuken hier op de begane grond. Je kunt ook naar boven, daar zijn de privévertrekken, dat is het traditionele woonhuis. Aan de andere kant van het atelier wordt het steeds meer een bedrijf. Er ligt niet echt een grens tussen het bureau en het woonhuis, leven en werk gaan hier samen.'

Op weg naar de keuken stopt Zumthor bij een maquette en herschikt ter plekke een deel van het meubilair en de raamkozijnen. De maquette is gemaakt van donkerbruin geverfd polystyreen en wordt bijeengehouden door gekleurde knopspelden. 'Dit is een huis voor een opdrachtgever uit Devon,' legt hij uit. 'Dit is een goedkope maquette om te kijken of het ruimtelijk werkt, hoe de proporties zijn en – net als altijd – of het ontwerp functioneel is, het gebruik van de ruimten. Zo'n model is bedoeld om in de werkelijkheid, tastbaar, de kamers na te lopen, de radiatoren, de details, de boeken, de kledingkast, de schrijftafel. Altijd is de vraag: "Werkt het? Staat alles op de goede plek?" Dit is feitelijk niet goed, zie ik nu. Dit moet ik echt zelf doen. Ik moet me inbeelden dat ik me afvraag waar ik mijn koffer zou laten en waar ik zou gaan zitten om iets te schrijven, enzovoort. Deze heel goedkope maquette is alleen voor mezelf. Ik hoef hier niemand mee te imponeren.' Zumthor vertelt meer over het doel van het project, het wordt een vakantiehuis in opdracht van het Living Architecture-initiatief van de Zwitsers-Britse filosoof Alain de Botton. 'We zijn afgelopen zomer begonnen aan de tweede versie van dit ontwerp. De vorige versie was te groot, maar dit ontwerp is goed. De locatie is echt fantastisch. Ik vind het leuk dat het er op de één of andere

Saint Benedict Chapel, Sumvitg/
Saint Benedict kapel, Sumvitg

'Now we have to put this radiator here.
Can you show me this radiator there?
Should we use a version of the radiator?
It could be up here.
Do you see any better place than there?
In the back?
More to the front?
Probably better there, he?
As far back as possible?
A bit to the right. Okay.
This is the entrance.
Could you cut a black piece, just for the door?
And pin it there?
The edge of the roof.
This is now the correct height?
It's too thick.
But we can take off this much?
I think it is beautiful that it is such a big slab.'

Constructing Character

The day before. As a preparation to the interview, to get a sense
of the atmosphere of Zumthor's work, we visit the chapel in
Sumvitg. As modest as it was hidden at first between the wooden
village houses, so proudly does it suddenly appear on the path:
towering above fresh snow, the sunlit red-brown tower with its
stripe of windows under its snow-covered hat. Inside, the intimate,
the modest again, we see each and every wooden joint, every
strike of paint. The light surrounds us, drawing rhythms on the
bent wall. The floor shows bare patches in the surface where
dozens of people have trodden on it.

Standing amid multiple models in different scales, Peter Zumthor
explains his work in progress for a big educational centre, at a
park-like site bordering a Swiss lake, surrounded by mountains.
'Such learning centres are usually big, like an airport. Here,
instead, the main idea is to split up all the functions and make
separate buildings: ten wooden buildings, of which eight are
elevated on stilts, so that the landscape can unfold. They are
like legged creatures in the park, five for sleeping, one for exercis-
ing, another as an auditorium, all amid the trees.' The buildings
have specific functions and different names; there is the
Gymnasium, the Studio, the Restaurant. It is a family united in
wood, each member taking its own place in the park. Each
building is thoroughly studied on all scales by means of models.
While pointing to a 1:10 model of the learning centre in which
the construction and the roof of the gym are visible, Zumthor
explains that the models are crucial to achieve the precision he
is aiming for:

'This is too difficult to do without models. It is too complex,
and I am not a genius. Here, as the battens climb up the roof
construction they become thinner. The distance between the
columns decreases as well. This rule is my idea; the constructor

manier heel Engels is. Het ligt bovenop een heuvel, omringd
door naaldbomen.'

De maquettewerkplaats is een verdieping lager, in de kelder.
Maquette-onderdelen liggen gesorteerd op schaal opgeborgen
op planken aan de muur: tafels, stoelen, mensjes. Een team
van circa zes mensen werkt aan een 1:10 maquette van het
Devonse gebouw dat op ooghoogte op een tafel midden in de
kamer staat. 'Kan iedereen even hier komen?' vraagt Zumthor.
'Dit zijn twee architecten uit Nederland die me interviewen over
sfeer! Ik heb ze verteld dat we de sfeer hier beneden maken.'
Dan keert hij zich naar de maquette. 'Dit hier zijn de belangrijkste woonruimten van het huis: de open haard, de eetruimte en
de kookruimte. We proberen nu iets totaal anders [hij richt zich
weer tot ons] te bereiken dan twee jaar geleden, toen we nog
amper informatie hadden. Nu kennen we de technische specifica-
ties: de dakconstructie, hoe de vloer opgebouwd moet worden,
alles over regelgeving, en over energie. Nu kunnen we de puntjes
op de i zetten en alle elementen op elkaar afstemmen.'

'Nu moet die radiator hier komen.
Kun je me die radiator daar laten zien?
Zullen we een variant op de radiator gebruiken?
Hij kan ook hierboven.
Zie jij een betere plek dan daar?
Achterin?
Meer voorin?
Daar is waarschijnlijk beter, hè?
Zo ver mogelijk achterin?
Een beetje naar rechts, oké.
Dit is de ingang.
Kun jij een stukje zwart knippen, alleen voor de deur?
En het daar vastspelden?
De rand van het dak.
Dit is nu de goede hoogte?
Het is te dik.
Maar we kunnen er zo'n stukje afhalen?
Ik vind het mooi, zo'n grote plaat.'

Het bouwen van karakter
Een dag eerder. Ter voorbereiding op het interview bezoeken
we de kapel in Sumvitg om een indruk te krijgen van de sfeer van
Zumthor's werk. De kapel houdt zich in eerste instantie bescheiden schuil tussen de houten huizen van het dorp, maar staat dan
plotseling fier voor ons op het pad en torent hoog uit boven de
vers gevallen sneeuw, de zonovergoten roodbruine toren met
zijn ramenstrook onder een kap van sneeuw. Binnen is het weer
intiem, bescheiden, en we zien elke naad in het hout, elke streek
van de verfkwast. We zijn omgeven door het licht dat ritmes
tekent op de sombere, gebogen muren. Er zijn kale plekken op
de vloer waar jarenlang mensen hebben gelopen.

Haldenstein, Switzerland/ Zwitserland

in turn gives me the measurements. Do you see all these irregular columns there? They all follow this rule. One might think "Oh, how beautiful these irregular columns!" But they are not irregular at all! It all is the result of an initial idea and a specific set of rules and measurements. When I look at this construction model,' Zumthor continues, pointing at different parts of the roof construction, 'I wonder whether this is already good. Should it be different? I think it is already better than before, but it still is not quite right yet. That is why these models are so utterly important: you have to see it. Look! Here it is a little bit too thin, we need to make it slightly thicker. So I now need to go back to the engineer and tell him what needs more thickness, which distance should be wider, and so on.'

In another room, surrounded by models and archive boxes, an assistant is working on the floor plan of the learning centre by means of a model. The model shows only the columns, a thin blue thread on the floor represents the position of the façade. With grey foam blocks and small red sheets of paper he is testing the position of showers and yoga mats and fitness equipment in the circular space of the gym.

'I think it is better to not work with blocks anymore.
You need to work with wire. Exercise equipment is not a volume!
It's a machine.
You cannot put something grey in here.
If we start with this material, I can't tell you why,
but this doesn't work.
If you take wire pieces it will work better.
These red papers are the yoga mats. That is fine.
We want to find out where the things are, or should be.
Give me some black paper, would you?
Maybe you can take this black paper and fold it.
No, this black paper still is too heavy to represent the showers.
The scale of these boxes is a problem: they are showers,
not boxes!
You have to take a thinner paper and fold them.
Or could this be done in wood?
Try 1 mm of wood, veneer.
Take the backside. That is better.
Think of it: When you take a shower, do you want this?
Would you like to take a shower in a box?
You should take a piece of wood and bend it like this.
Look here and see. This is enough to take a shower.
I am trying to help you avoid these goddamn boxes!
This has to stop! Ha, ha!
These boxes. They are terrible. Specifically double boxes!
See, it does not go with our columns as well.
Why not make them U-shaped, or in round forms, in wood.
Remember, soft and light!
Soft – light – subtle – textile – thin – delicate.
It's not about volumes; it is all about membranes now.

Omgeven door een veelvoud aan maquettes op verschillende schalen vertelt Peter Zumthor iets over het project waarmee hij bezig is voor een groot opleidingscentrum, op een prachtige locatie aan een Zwitsers meer in de bergen. 'Zo'n opleidingscentrum is meestal zo groot als een vliegveld. Hier is de hoofdgedachte echter om voor iedere afzonderlijke functie een apart gebouw neer te zetten: tien houten gebouwen waarvan er acht hoog op poten staan, zodat het landschap zich kan ontvouwen. Ze staan als langbenige wezens in het park: vijf slaapgebouwen, een werkgebouw, dan een aula, allemaal tussen de bomen.'
De kleine gebouwen hebben allemaal hun eigen persoonlijkheid. Je hebt de spiraal, en de veranda. Het is een in hout uitgevoerde familie en elk lid neemt zijn eigen plaats in het park in. Elk gebouw wordt met behulp van maquettes op allerlei schalen grondig bestudeerd. Zumthor wijst naar een 1:10 maquette van het opleidingscentrum dat de constructie en het dak van de sportzaal laat zien en legt uit dat de maquettes onmisbaar zijn voor wie, zoals hij, nauwkeurig wil werken:
'Dit is zonder maquettes niet te doen. Het is te ingewikkeld, ik ben geen genie. De binten worden hier dunner naarmate ze hoger in de dakconstructie zitten en ook de afstand tussen de kolommen wordt kleiner. Het is mijn idee om het zo te doen, maar de aannemer geeft mij op zijn beurt de afmetingen. Zie je al die onregelmatige kolommen daar? Allemaal volgens hetzelfde principe. Je denkt misschien: "O, wat mooi, die onregelmatige kolommen!" maar ze zijn helemaal niet onregelmatig! Ze komen voort uit een oorspronkelijk idee en een specifieke combinatie van regels en afmetingen. Als ik naar deze constructiemaquette kijk,' vervolgt Zumthor, terwijl hij naar andere delen van de dakconstructie wijst, 'dan vraag ik me af of het al klaar is. Moet ik nog iets veranderen? Ik vind het al beter dan het eerst was, maar het is nog niet helemaal goed. Daarom zijn deze maquettes zo enorm belangrijk: je moet het kunnen zien. Kijk! Hier is het een beetje te dun, dat moeten we wat dikker maken. Dus dan moet ik weer naar de constructeur om hem te vertellen waar het dikker moet, welke afstand groter moet zijn, enzovoort.'

In een andere kamer werkt een assistent, omgeven door maquettes en archiefdozen, in een maquette aan de plattegrond van het opleidingscentrum. In de maquette staan alleen kolommen; een dunne blauwe draad op de vloer geeft aan waar de gevel staat. Hij probeert met grijze polystyreenblokjes en kleine rode velletjes papier uit te zoeken wat de beste positie is voor de douches, de yogamatjes en de fitnessapparatuur in de cirkelvormige sportzaal.

'Volgens mij kunnen we beter niet meer met blokjes werken.
Je moet draad gebruiken.
Fitnessapparatuur heeft geen volume!
Het zijn machines.
Je kunt daar niet iets grijs in zetten.
Als we dit materiaal gaan gebruiken, ik weet niet waarom, maar dat gaat niet lukken.

Kolumba Museum, Cologne/Keulen

Maybe this is the most important.
All of it is about membranes.
Never like this again, okay?'

Making Real Things

Sumvitg. Material. Pieces of small wood, shingles, they are aging, a patina of black and brown and almost orange. Four concrete steps, separate from the core volume, accompanied by a thin steel railing. The door handle: the same steel, slightly bent. The door: thin vertical battens, as if un-aged, fresh.

Vals. Darkness, steam above the dark grey stone, stripes of light. The stone under our bare feet. As if it has always been there, as if it belongs there.

The Bruder Klaus Chapel. Rough edges of concrete, dots of broken light. An opening, above, mirrored in the floor.

Kolumba. Beyond the sandstone skin, the museum rooms. Smoothness. Shining floors and walls. Exactitude. The openings between floor and wall. The gleaming wood of the cupboards.

In his book *Atmospheres*, Zumthor holds that the very task of the architect is to address, by means of building, the interaction between people and objects. He calls it his passion to deal with real objects 'the magic of things, the magic of the real world'. In our conversation, Peter Zumthor frequently emphasises this aspect of reality: the physical object is more important than conceptual thought. This is not to say that the focus on objects is superficial, on the contrary, it takes effort to focus on making real things: 'The idea is that the task of creating atmosphere also comes down to craft and graft.'[3] We ask Peter Zumthor how this approach has come about, and which architects have inspired him. 'The so-called father of this kind of work is Le Corbusier. Le Corbusier's way of working was about building, about real architecture. You would initially think that he was a manifesto guy, a man of theory. In reality he was a builder, a sculptor. His atelier in Paris was full of built 1:1 details. He really was interested in how to build these things he came up with. How they perform in reality. What the measurements are. The late Louis Kahn, by the way, did the same. They are the fathers of real building.'

In Peter Zumthor's office, the many different elements that together construct the 'real things' such as materiality, texture, sound, temperature, rhythm, light and shadow simultaneously, are being dealt with separately. We find this somewhat surprising, since the very experience of atmosphere lies in the simultaneity of all these aspects, the way they are coming together. However, argues Zumthor, in the design process one should be able to fully focus on one aspect at a time: 'This is what psychologists teach us. Don't mix things! You have to look at all different layers and levels separately. That is what we do in the office as well. For instance, we talk about materials, to see how they react to each other. First, I have to paint a picture in the minds of the team members so that they have an image as

3
Ibid., 19.

Bruder Klaus Chapel, Wachendorf/
Bruder Klaus kapel, Wachendorf

Je kunt beter stukjes draad gebruiken.
Die rode papiertjes zijn yogamatten. Dat is prima.
We willen weten waar de dingen zijn, of zouden moeten zijn.
Geef me even een zwart papiertje, wil je?
Als je nou dat zwarte papiertje vouwt.
Nee, dat zwarte papier is nog steeds te zwaar om voor de douches te gebruiken.
De schaal van die doosjes is een probleem: het zijn douches, geen doosjes!
Je moet dunner papier pakken en dat vouwen.
Of kan het ook met hout?
Probeer eens hout, fineer, van één millimeter dik.
Neem de achterkant. Dat is beter.
Zeg nou zelf: als je gaat douchen, is dit dan wat je wilt?
Ga jij graag douchen in een doos?
Neem een stukje hout en buig het zó.
Kijk hier eens naar. Dit is voldoende voor een douche.
Ik probeer je te helpen van die verrekte doosjes af te komen!
Hier moet een eind aan komen! Ha, ha!
Die dozen. Ze zijn afschuwelijk. Vooral dubbele dozen!
Zie je, ze passen ook niet goed bij onze kolommen.
Waarom maken we ze niet U-vormig, of rond, in hout?
Denk erom, zacht en licht!
Zacht – licht – subtiel – textiel – dun – teer.
Dit gaat niet over volumes, het draait nu allemaal om membranen.
Dit is misschien wel het belangrijkste.
Het draait allemaal om membranen.
Nooit meer zo doen, oké?'

Het maken van echte dingen

Sumvitg. Materiaal. Kleine stukjes hout, gepotdekseld als dakbedekking. Ze verouderen, een patina van zwart en bruin en bijna-oranje. Vier betonnen treden, los van het hoofdvolume, voorzien van een dunne stalen reling. De deurknop: hetzelfde staal, licht gebogen. De deur: dunne verticale latten, waar de tijd geen invloed op lijkt te hebben gehad, als nieuw.

Vals. Duister, stoom boven de donkergrijze steen, strepen licht. De steen onder onze blote voeten. Alsof het hier altijd is geweest, alsof het hier hoort.

De Bruder Claus kapel. Ruwe betonranden, vlekken gebroken licht. Een opening bovenin, die door de vloer weerkaatst wordt.

Kolumba. Voorbij de zandstenen schil, de museumzalen. Het is glad. De vloeren en de muren schitteren. Nauwkeurigheid. De openingen tussen vloer en muur. Het hout van de kasten glanst.

In zijn boek *Atmospheres* stelt Peter Zumthor dat het de taak van de architect is om de interactie tussen mensen en objecten aan de orde te stellen door middel van de architectuur. Hij noemt het zijn passie om met echte dingen te werken, met 'de magie van de

well. For example I ask them: "Can you see this silk? It is very
thin, part of it is translucent, another part is dark." And then
this lights up in the minds of the team. "Do you get this?" I ask.
I have to make sure that they get it right, before I add another
material, which is the next step. I describe to them: "This is
waxed maple wood, right? Do you know this one? No?" Therefore
I always have samples around, which I need to show as well.
During these discussions, when somebody wants to talk about
form, I bring it back to materials again. Form will come later.
But this very moment is about materials. The next step follows:
I take away the maple wood and exchange it for another material.
Imagine this as a corner. What happens when I replace the maple
wood with MDF particleboard in black? I ask: "Better or
worse?" That is how we discuss material in a tangible way.'

We pass another model of the series of buildings for the learning
centre. Peter Zumthor points out a central space, a communal
room for ten people.

'This is going to be a veranda, an open walkway.
The veranda has rhythm.
Over here is a circular room.
This is for working out, gymnastics, wardrobes.
Then another building over here,
which looks like an old boathouse.
Light entering in somewhere.
Very specific light coming in.
Look there, this is the detail of how it is made with the insulation
and the window.
And look at this drawing here.
This is the restaurant, over there is the auditorium,
and here is the reception.
Many buildings. But all wood.
It is the material that unites them, not the form.'

Educating
The office in Haldenstein seems like a learning centre itself. It
reminds us of summer schools we have taught or participated in;
these focused and dedicated architectural explorations in remote
locations. In this small community, two buildings in the mountain village of Haldenstein, far away from urban life, young
architects fully focus on architecture in a very physical, material
sense. They build models, test materials, draw plans, jumping
back and forth between different aspects of the project, between
parts and whole. Peter Zumthor takes care of his assistants as
if they are his students, learning a job in his office. He considers
it his role and responsibility to teach them.

'I think it is a pity that the education of architects is so academic
and based on rhetoric: in many cases, it does not connect to the
real work. Architects coming from the university make drawings, but they don't really know what they are doing. They don't

dingen, de magie van de echte wereld'. Tijdens ons gesprek benadrukt Zumthor dit aspect van de werkelijkheid regelmatig: het fysieke object is belangrijker dan de conceptuele gedachte. Deze gerichtheid op fysieke objecten is niet oppervlakkig, integendeel, het kost inspanning je te concentreren op het maken van echte dingen: 'Denk eraan dat voor het scheppen van sfeer ook vakmanschap en hard werk nodig is.'[3] We vragen Peter Zumthor hoe deze aanpak is ontstaan en welke architecten hem hebben geïnspireerd. 'De zogenaamde vader van dit soort werk is Le Corbusier. De manier van werken van Le Corbusier was bouwkundig, echt architectonisch. In eerste instantie zou je denken dat hij een man van het manifest was, een theoreticus. Maar in werkelijkheid was hij een bouwer, een beeldhouwer. Zijn Parijse atelier stond vol 1:1 gebouwde details. Hij was echt geïnteresseerd in hoe hij de dingen die hij bedacht, kon bouwen, hoe ze in werkelijkheid zouden functioneren, wat de afmetingen waren. Louis Kahn deed trouwens hetzelfde. Zij zijn de grondleggers van het echte bouwen.'

3
Ibid., 19.

Binnen het bureau van Peter Zumthor worden de vele verschillende elementen die samen de 'echte dingen' vormen, zoals materiaal, textuur, geluid, temperatuur, ritme, licht en tegelijkertijd schaduw apart behandeld. Dit verrast ons een beetje, omdat de beleving van sfeer juist bepaald wordt door de gelijktijdigheid van al deze aspecten, door de manier waarop ze samenkomen. Maar, zegt Zumthor, tijdens het ontwerpproces moet je in staat zijn je volledig op één aspect te concentreren: 'Dat leren we van de psychologie. Geen dingen door elkaar doen! Je moet apart naar al die verschillende lagen en niveaus kijken. Dat doen we binnen mijn atelier ook. We hebben het bijvoorbeeld alleen over materialen, om te kijken hoe die op elkaar inwerken. Ik moet eerst een beeld schetsen dat de teamleden voor ogen kunnen houden. Dan vraag ik ze bijvoorbeeld: "Zie je deze zijde? Die is erg dun, voor een deel doorzichtig en voor een deel donker." En dat staat het team dan dus voor ogen. "Begrijp je dat?," vraag ik. Ik moet zeker weten dat ze begrijpen wat ik bedoel voordat ik andere materialen toevoeg, dat is de volgende stap. Ik beschrijf het voor ze: "Dit is gewast esdoornhout, zie je? Ken je dat? Nee?" Daarom heb ik altijd stalen liggen, die ik ook moet laten zien. Als er tijdens zulke discussies iemand over vorm wil praten, breng ik het gesprek weer op materialen. Vorm komt later. Maar nu gaat het even over materialen. Dan neem ik een volgende stap: ik neem het esdoornhout weg en pak een ander materiaal. Stel je voor dat dit een hoek is. Wat gebeurt er als ik het esdoornhout vervang door zwarte MDF-spaanplaat? Ik vraag: "Beter of slechter?" Zo bespreken we de materialen op een tastbare manier.'

We komen langs een andere maquette van een van de gebouwen voor het opleidingscentrum. Peter Zumthor wijst een centrale ruimte aan, een gezamenlijke ruimte voor tien personen.

know how it looks in reality, how it will be, how it sounds, and so forth. I think this is not good for the profession of architecture. When I was a professor for ten years, the main focus of my teaching came down to the very corporality of architectural things and structures. This was an amazing kind of experience: to go against everything, to go against academic, and into the real.

'This is what I try to teach some talented young architects here at the office as well. Usually I just ask the group to make up their minds about two versions of a detail. Let me give you an example: this morning for instance we discussed a model for the veranda building. We had all the models and things around and I told them. "I have this image, could there be a low ledge there or should it go all the way down as it is in the model?" First I ask the people around, about six or seven people, all young architects, to make up their minds in silence. They are not allowed to discuss the question. Then I ask for a vote: "Who is for a ledge?" And then the hands go up. "And who does not like the ledge?" The same. Then, we can start the discussion. They for instance may explain: "With a ledge added, I feel more protected when I sit there." That is a fine answer for me. Another would probably give a much more theoretical, conceptual reply. Something to do with voids and repetition for instance, and with consistency in the project. To me, that kind of reply is useless; and that is exactly what I would tell him. "I have no idea what you are saying. Could you please explain this so that your mother could understand what you mean?" That is a difficult one. But I urge them again: "You are not at university; you don't have to give me an abstract intelligent answer. You just have to tell me what you like and what you don't like." This is a very simple trick I use. They need to explain to me why they think with or without a ledge is better. They are used to explaining things intellectually: "I like a ledge because . . ." No! There should be no because! They ask "Why?" And I say "Because I already know all of your 'becauses'."'

'I want them simply to say: 'I like it' or 'I don't like it'.
You have to allow yourself to be concentrated.
Just being there, doing your thing.
It sounds like a contradiction but it is a relaxed concentration.
This trick is thus to take away the pressure of rationalisation.
To be connected to your feelings.
To really feel things and see them.
This is confidence
This is concentrated confidence.'

'Dit wordt een veranda, een open galerij.

De veranda heeft ritme.

Hier is een ronde kamer.

Die is om te trainen, te gymmen, kleedkamers.

Dan daar een ander gebouw, dat eruit ziet als een oud botenhuis.

Ergens valt licht naar binnen.

Heel specifiek binnenvallend licht.

Kijk hier eens, dat is een detail van hoe het gemaakt is met de isolatie en het raam.

En kijk eens naar die tekening hier.

Dit is het restaurant, daar is de aula en hier is de receptie.

Veel gebouwen. Maar allemaal van hout.

Het materiaal verenigt ze, niet de vorm.'

Het onderwijzen

Het bedrijf in Haldenstein lijkt zelf ook wel een opleidingscentrum. Het doet ons denken aan de Summer Schools waar we zelf als student of als docent zijn geweest: gefocust en toegewijd architectonisch onderzoek op afgelegen locaties. In deze kleine gemeenschap, in twee gebouwen in het bergdorp Haldenstein, ver weg van het stedelijk leven, richten jonge architecten zich volledig en op een heel fysieke, materiële manier op de architectuur. Ze bouwen maquettes, proberen materialen uit en maken tekeningen terwijl ze heen en weer worden geslingerd tussen de verschillende aspecten van een project, tussen de delen en het geheel. Peter Zumthor zorgt voor zijn assistenten alsof het zijn studenten zijn, ze leren een vak binnen zijn bureau. Hij ziet het als zijn taak en zijn verantwoordelijkheid om hen op te leiden.

'Ik vind het jammer dat de opleiding van architecten zo academisch en retorisch is: in veel gevallen sluit ze niet aan op het werk in de praktijk. Architecten die net van de universiteit komen maken tekeningen, maar ze weten niet echt wat ze doen. Ze weten niet hoe het er in het echt uitziet, hoe het zal zijn, hoe het klinkt, enzovoort. Volgens mij is dat niet goed voor het beroep van architect. Ik heb tien jaar les gegeven en mijn onderwijs ging vooral over juist de tastbaarheid van architectonische dingen en structuren. Het was een wonderbaarlijke ervaring om overal tegenin te gaan. Tegen de academische wereld in, naar de werkelijke wereld toe.'

'Dat probeer ik een aantal getalenteerde jonge architecten hier in het bedrijf ook te leren. Meestal vraag ik gewoon aan de groep te kiezen tussen twee versies van een detail. Ik zal je een voorbeeld geven: vanmorgen hebben we bijvoorbeeld een maquette van het verandagebouw besproken. We hadden alle maquettes en ander materiaal erbij en ik zei tegen ze: "Ik zie een beeld voor me, kan er daar een lage richel komen of moet het gebouw helemaal tot beneden aan toe lopen, net als in de maquette?" Ik vraag de aanwezigen, zes of zeven mensen, allemaal jonge architecten, om eerst voor zichzelf te beslissen. Ze mogen de vraag niet bespreken. Dan breng ik het in stemming: "Wie is er vóór een richel?" En dan gaan de handen omhoog.

centrated Confidence

"En wie ziet die richel niet zitten?" Idem dito. Dan kan de discussie beginnen. Dan zeggen ze bijvoorbeeld: "Als er een richel is, voel ik me veiliger als ik daar zit." Dat vind ik een prima antwoord. Iemand anders komt misschien met een veel theoretischer en conceptueler antwoord. Iets over leegte en herhaling en de consistentie van het project. Ik heb niets aan dat soort antwoorden, en dat zou ik ook precies zo zeggen. "Ik heb geen idee wat je nu zegt. Kun je het zó uitleggen dat je moeder het ook zou begrijpen?" Dat is moeilijk. Maar ik dring aan: "Je bent hier niet op de universiteit, je hoeft me geen abstracte, intelligente antwoorden te geven. Je moet me gewoon vertellen wat je goed vindt en wat je niet goed vindt." Ik gebruik een eenvoudig trucje. Ze moeten aan mij uitleggen waarom ze denken dat het met of zonder richel beter is. Ze zijn gewend zich intellectueel te verklaren: ik vind een richel een goed idee, omdat ... Nee! Ik wil geen "omdat" horen! "Waarom niet?," vragen ze. En ik zeg: "Omdat ik al jullie 'omdatten' al ken.'"

'Ik wil dat ze gewoon zeggen: ik vind het goed of ik vind het niets.
Je moet jezelf toestaan, geconcentreerd te zijn.
Gewoon hier zijn, je ding doen.
Het lijkt tegenstrijdig, maar het is een ontspannen concentratie.
Het is dus de kunst, om de druk om te rationaliseren op die manier weg te nemen.
Om verbonden te zijn met je gevoel.
Om dingen werkelijk te voelen en te zien.
Dat is vertrouwen.
Dat is geconcentreerd vertrouwen.'

Vertaling: InOtherWords, Maria van Tol

Geconcentreerd vertrouwen

Mathieu Berteloot and
Véronique Patteeuw

Form / Formless
Peter Zumthor's
Models

'Form is not something we work on – we apply ourselves to all other things. To sound, noises, materials, construction, anatomy, etc. The body of architecture, in the primary stages, is construction, anatomy: putting things together in a logical fashion. . . . We generally create a large model, or a drawing. Usually it's a model. And sometimes you can see at that stage that it feels right – things cohering. And then I might look at it and say: sure, it coheres, only it isn't beautiful. So at the end of the day I actually do take a look at things. What I find is that when things have come out well they tend to assume a form which often surprises me.'[1] Strangely, the question of form comes up regularly in the texts of Peter Zumthor, yet it is undoubtedly uncharacteristic of his work. But not form in a literal sense. Rather, it is form evoked as a body, an organism, a way of being – allowing sensations without imposing them. Fundamentally close to materials, structure and atmosphere, it is form that seeks a resonance between space, light, air, sound, even smell. This can be seen in the models the Swiss architect exhibited and has put on deposit at the Kulturhaus Bregenz.[2]

Central to his practice, the models embody Zumthor's key architectural concepts regarding the relations of structure, space and landscape. They go beyond the question of form articulating basic elements, such as floor, wall and roof, and establish a vocabulary that organises – or even disorganises – the architect's production. Placed in chronological order, Zumthor's models allow a transversal reading that reveals a singular approach: the simultaneity of form and its sublimation.

The Emphasised Horizon

Arranged on large high trestles, Zumthor's models displace the traditional aerial and orthogonal views for a horizontal perspective, for the point of view of the person who lives and works within, and who animates the structure. In examining these models one enters their interior spaces and senses the spatiality, the play of masses and voids, light and views.

The horizontal gaze highlighted in the experience of the model is characteristic of the relation of Zumthor's architecture to horizon and ground. In a lecture at the Centre Pompidou in May 2011, he presented several case studies using only interior views of his models, refusing to rely on the commonly employed computer graphics.[3] These photos show not only the materiality of his architecture but refer directly to the experience of the space. Zumthor notes that the use of the model has become even more important since the advent of computers, which do not allow an understanding of 'the meaning of scale', whereas the model provides a spatial situation closer to reality.

The working model for the House on a Hill, Chivelstone, Devon, England, illustrates the relation between ground and landscape. This vacation house, perched on a hill overlooking the sea, is made of blocks and horizontal slabs reminiscent of megaliths. Several plaster models for the house show light entering between blocks that form walls, floor or roof. Using these models as tools, Zumthor thoroughly thinks through the window openings and views, delineating spaces by his placement of the blocks. The process provides a spatial understanding of how the walls will frame views and inspire expectations of the landscape beyond.

Other projects also reflect the horizontal gaze, such as the model for Therme Vals, made of greyish green stone, which follows the sloping topography to form a horizontal mass anchored to the mountain. Horizontality is felt as a spatial experience as well as in the rapport

1
Peter Zumthor, *Atmospheres: Architectural Environments, Surrounding Objects*, (Basel: Birkhäuser, 2006), 69, 71.
2
'Architekturmodelle Peter Zumthor', KUB Sammlungsschaufenster, Bregenz (June 2012 – 9 February 2014). The exhibited models are a selection taken from 300 models constituting the archive that Zumthor has put on deposit at the Kulturhaus.
3
Peter Zumthor, 'Six projets', lecture at the Centre Pompidou, Paris, 19 May 2011.

Mathieu Berteloot en
Véronique Patteeuw

Vorm / vormeloos
De maquettes van
Peter Zumthor

'We werken niet aan vorm – we richten ons op alle andere dingen. Op klank, geluiden, materialen, constructie, anatomie, enzovoort. Het totaal van de architectuur, in het begin, is constructie, anatomie, de logica van het bouwen. (…) Over het algemeen maken we een grote maquette of een tekening. Meestal een maquette. Soms voelt dat goed aan – dat de dingen samenvallen. En dan kijk ik ernaar en zeg ik: ja, het werkt, maar het is niet mooi! Uiteindelijk kijk ik echt naar de dingen. Ik denk dat een project pas geslaagd is als dingen een vorm aannemen die me verbaast.'[1] Vreemd eigenlijk: vorm is zonder twijfel het minst opvallende aspect aan het werk van Peter Zumthor, hoewel hij de kwestie 'vorm' regelmatig ter discussie stelt. Vorm wordt trouwens nooit in letterlijke zin aangekaart, maar geëvoceerd als een lichaam, een organisme, een manier van zijn. Vorm laat emoties toe zonder ze op te dringen, staat fundamenteel dicht bij noties als materie, structuur en sfeer, en zoekt naar een resonantie tussen ruimte, licht, lucht, geluid en zelfs geur. Deze benadering van vorm spreekt duidelijk uit de tentoonstelling van Zumthor's maquettes in het Kulturhaus van Bregenz.[2]

Maquettes spelen de hoofdrol in de praktijk van de Zwitserse architect; ze vormen de sleutelbegrippen van zijn werk door structuur, ruimte en landschap met elkaar te verbinden. Ze overstijgen de kwestie van de vorm door fundamentele elementen, zoals de vloer, de wand en het dak, te articuleren en tot een terminologie te herleiden, waarmee de productie van de architect – al dan niet – kan worden ingedeeld. Peter Zumthor's maquettes bieden meer dan een chronogische volgorde; ze geven een transversale lezing van zijn oeuvre: ze tonen de gelijktijdigheid van vorm en zijn sublimatie.

Een gemarkeerde horizon
De maquettes van Zumthor staan op grote hoge schraagtafels, waardoor ze een horizon-taal perspectief bieden, een blik vanuit het gezichtspunt van de mens die er woont, werkt, verblijft en rondwandelt. Wie deze maquettes bekijkt, dringt door in de binnenruimte en ervaart de ruimtelijkheid van het spel van voltes en leegten, het licht en de uitzichten.

Die horizontaliteit van de blik is kenmerkend voor de relatie tussen Zumthor's architectuur en de horizon en grond. Tijdens een lezing in het Centre Pompidou in mei 2011 presenteerde de architect verschillende projecten in voorbereiding, uitsluitend aan de hand van foto's van het interieur van zijn maquettes; hij maakte geen gebruik van perspectieven of renderings.[3] De foto's getuigen niet alleen van de materialiteit van zijn architectuur, maar verwijzen rechtstreeks naar de ervaring van ruimte. Overigens stelt Zumthor dat het gebruik van de maquette nog belangrijker is geworden sinds de informatica haar intrede deed in het domein van de architectuur. Men mist daarbij immers het 'gevoel voor schaal', terwijl de maquette een ruimtelijke situatie biedt die dicht tegen de realiteit aanleunt.

De maquettes voor het House on a Hill in Chivelstone (Engeland) illustreren die relatie tot de grond en het landschap. Dit vakantiehuis op een heuvel, dat uitkijkt over zee, is opgetrokken uit blokken en horizontale platen, als een prehistorische megaliet. Verschillende gipsmodellen laten zien hoe het licht doordringt tussen de blokken die een wand, een vloer of een dak vormen. Met de maquette als werktuig, bedacht Zumthor waar de blokken geplaatst moesten worden om openingen, uitzichten en ruimten te creëren. In zijn benadering wordt de muur een ruimtelijk element, dat het uitzicht afsluit en een zekere verwachting wekt van het landschap.

1
Peter Zumthor, *Atmosphères, Environnements Architecturaux, Ce qui m'entoure* (Basel: Birkhäuser, 2008), 68-69. Engelse editie: Peter Zumthor, *Atmospheres Architectural Environments, Surrounding Objects* (Basel: Birkhäuser, 2006), 69-71.
2
'Architekturmodelle Peter Zumthor', KUB Sammlungsschaufenster, Bregenz (juni 2012 – 9 februari 2014). De tentoongestelde maquettes zijn een selectie van de 300 maquettes die het fonds vormen dat Zumthor onlangs aan het Kulturhaus in bruikleen gaf.
3
Peter Zumthor, 'Six projets', lezing in het Centre Pompidou, Parijs, 19 mei 2011.

between the building and its environment. Therme Vals recalls the unbuilt project for the I Ching Gallery, commissioned by the Dia Beacon Foundation in the USA. The remarkable project is a large single room – intended to house a work by Walter de Maria – in the form of a horizontal square plane embedded in a talus slope. Made of plaster, the model represents a giant slab without columns but with a large three-dimensional roof structure featuring regular perforations to allow overhead light.

With the project for the Los Angeles County Museum of Art (LACMA), Zumthor extended his interest in the horizon to the extreme. He replaced four of the five existing buildings in the complex with two large, stacked, sinuous, horizontal planes. Presented in several very large models (up to 1:20 scale), the form of the museum is difficult to define and is, more than anything, reminiscent of the work of artist Jean Arp. Zumthor's design, extruded and set as if levitating above the natural ground, emphasises flatness, and initiates a dialogue with the Los Angeles skyline: the distant hills and the characteristic sprawl of the American city. The project's emphatic horizontality highlights the surrounding topography without actually touching it. Entry is provided at only a few points from underneath the museum, reinforcing an awareness in visitors of the relationship between the horizon and the ground.

Starting from his work on the model, Peter Zumthor seems to continually depend on landscape and space to provide limits and dimensions to his architecture. Whether for LACMA, the House on a Hill, or Therme Vals, he has sought through spatiality to show everything without diluting sensation. It is an architectural approach that was emphasised by another Swiss architect a few decades ago: 'The ever-present and overpowering scenery on all sides has a tiring effect in the long run. . . . To lend significance to the scenery one has to restrict it and give it proportion; the view must be blocked by walls which are only pierced at certain strategic points and there permit an unhindered view.'[4]

A Hollowed-Out Mass
Zumthor approaches the building from the inside, defining a mass as the hollowing out of a material to reveal its interior, functions, and atmosphere. 'To plan the building as a pure mass of shadow then, afterwards, to put in light as if you were hollowing out the darkness, as if the light were a new mass seeping in . . . to go about lighting materials and surfaces systematically and to look at the way they reflect the light.'[5] Zumthor's models could be seen as receptive objects or imaginable spaces in which his desired atmosphere can come to life.

The project for the Bruder Klaus Chapel in Wachendorf, Germany is singular in this approach. Working from a formwork at the core of the structure allowed Zumthor to draw and model the interior, and ultimately to sublimate the form through the material. The large-scale models of the chapel, made of plaster, show the working process. The formwork was made with tree trunks from the nearby forest, and casts of this formwork allowed him to contemplate the fall of light at the heart of the form. The traces of the materials and the hollowing out of the mass are clearly expressed in these models and are seen again on visiting the chapel as one enters via its single triangular door.

With the Kolumba Museum in Cologne, Zumthor extended his research into the mass, research that had already been apparent at Therme Vals. Built on the footprint of a 1950s chapel and a mediaeval church destroyed in the Second World War, the museum project comprises two structural groups. The first follows the peripheral walls of the archaeological site of the church. The walls give shape to an empty space and provide a presence but at the same time dissolve into a mass of light and shadows produced by the numerous apertures near the ceiling. The second group is built on top of the first and is a mass with openings cut through the structure, engaging in a dialogue with the city. The models for the museum, in beige plaster, clearly show the play between the massive construction and its delicate surface texture. The façade bricks are custom-made to blend in with the remains of the stone ruins. In the model, the sense of a mass that one penetrates is reinforced by the varying proportions of the exhibition

4
Le Corbusier, *Une petite maison* (Zurich: Artémis, 1993 [1954]), 23-24.
5
Zumthor, *Atmosphères*, op. cit. (note 1), 8.

Ook andere projecten benadrukken de horizontaliteit van de blik, zoals de maquette van de Thermen van Vals (Zwitserland). De maquette, gemaakt van een grijsgroene steen, nestelt zich als een horizontale massa in de topografie van de berg. De horizontaliteit is hier voelbaar als ruimtelijke ervaring, en in de relatie van het gebouw tot zijn omgeving. Dat is ook het geval in het niet-uitgevoerde project voor de Dia Beacon Foundation in de Verenigde Staten waarvoor Zumthor de I Ching Gallery ontwierp. Het bestaat uit één grote ruimte – voor een werk van Walter de Maria – en heeft de vorm van een horizontaal, vierkant vlak dat in een hellend talud steekt. De gipsen maquette vormt een groot, plat, kolomvrij vierkant met daarop een grote dimensionale structuur; regelmatige openingen in het dak voorzien de ruimte van daglicht.

In het project voor het Los Angeles County Museum of Art (LACMA) drijft Zumthor zijn interesse voor de horizon tot het uiterste. Hij vervangt vier van de vijf bestaande gebouwen door één complex dat bestaat uit twee grote, gestapelde horizontale vlakken met een vloeiende vorm. Omdat het project wordt gepresenteerd aan de hand van zeer grote maquettes (tot op schaal 1:20), is de vorm van het museum moeilijk te definiëren. Het lijkt afkomstig van de kubistische kunstenaar Jean Arp. Het geëxtrudeerde grondvlak, dat zweeft boven het maaiveld, accentueert de platheid en nodigt uit tot een dialoog met de skyline van Los Angeles: de verre heuvels en de karakteristieke *sprawl* die kenmerkend is voor de Amerikaanse stad. De nadruk op horizontaliteit in het project accentueert de bestaande topografie, zonder er trouwens aan te raken. Onder het musem is er slechts een beperkt aantal toegangen, waardoor bezoekers nog sterker geconfronteerd worden met de relatie tussen horizon en grond.

Door met maquettes te ontwerpen, lijkt Peter Zumthor zich voortdurend afhankelijk te maken van het landschap en de ruimte, om zijn architectuur beperkingen en dimensies op te leggen. Zowel in het project voor het LACMA, in het House on a Hill als in de Thermen van Vals probeert hij door middel van ruimtelijkheid alles te tonen, zonder een gevoelservaring uit te sluiten. Hier klinkt de echo door van de architectuurbenadering van een andere Zwitserse architect, een paar decennia eerder: 'Het alomtegenwoordige en almachtige

landschap wordt op den duur vermoeiend. (...) Om het landschap betekenis te geven, moet je het inperken, het radicaal dimensioneren: het uitzicht moet geblokkeerd worden door muren op te trekken die alleen op strategische plaatsen worden doorboord om een vrij uitzicht te bieden.'[4]

Een uitgeholde massa

Zumthor benadert een gebouw van binnenuit. Wat hij definieert als massa is de uitholling van materiaal om een interieur, een gebruik of een atmosfeer voelbaar te maken. '[Het gaat erom] over het gebouw te denken als een massa schaduwen en daar dan vervolgens licht in te brengen, alsof je de duisternis uitholt en alsof het licht een nieuwe massa is die daarin kan doordringen (…) de materialen en de oppervlakken systematisch verlichten en dan bekijken hoe ze het licht weerspiegelen (…).'[5] Zumthor's maquettes zou je kunnen zien als voelbare objecten of imaginaire ruimten waar de door hem gewenste atmosfeer kan ontstaan.

Het project van de Bruder Klaus Kapel in Wachendorf (Duitsland) illustreert deze aanpak. De kapel is gebouwd op basis van een verlorenbekisting, waardoor het interieur heel precies kon worden getekend en vormgegeven. Zumthor is erin geslaagd de vorm te sublimeren door middel van materie en de grote, gipsen modellen laten dit uitvoeringsproces zien. De bekisting is gemaakt met boomstronken uit het naburige bos en daarvan zijn mallen gemaakt, om het invallende licht te bestuderen. De materiaalsporen en putten en gaten zijn duidelijk zichtbaar in die maquettes, en worden beleefbaar als men de kapel betreedt door de smalle, driehoekige deur die de enige ingang vormt.

Met de bouw van het Kolumba Museum in Keulen vervolgde Zumthor zijn onderzoek naar massa, een onderzoek dat al was gestart bij de Thermen van Vals. Het Kolumba Museum is gebouwd op de grondvesten van een kapel uit de jaren 1950 en een middeleeuwse kerk, die in in de Tweede Wereldoorlog werden verwoest, en bestaat uit twee delen. Het eerste gedeelte

4
Le Corbusier, *Une petite maison* (Zürich: Artémis, 1954 [1993]), 23-24.
5
Zumthor, *Atmosphères*, op. cit. (noot 1), 8.

rooms. The museum can be thought of as a constellation of independent chambers encircled by a perimeter that expands and contracts at different points.

Peter Zumthor's models are never abstract, they are strikingly physical objects: tactile, gritty to the touch, and sited in rocky and wooded landscapes. They are not a representation of reality, but reality itself. Carved, assembled, and arranged, made of plaster, concrete, stone or wood, Zumthor's models come as close as possible – in their materiality and their execution – to the reality of a built project. Their ambiances and spaces are expressed in the same materials and structure. They have an identity and a palpable atmosphere.

A Rooted Structure

Zumthor's architecture is placed in a landscape, itself considered not as an abstraction but as a merging with reality. The landscape becomes a real condition in the design process, and this is an approach that marks all his realised projects. In their materiality, their execution and their proportions, the models always express this rootedness in a specific context.

One of the earliest projects illustrating this approach is the Saint Benedict Chapel in Sumvitg, Switzerland. Built between 1985 and 1988, it calls attention to the very steep slope on which it is built by to its own height and placement on a promontory. The wooden structure provides a hint of the interior through a crown of windows that let in light from the top of the chapel. The models for this project are particularly interesting because they leave the foundations visible, showing how the structure is anchored to the mountain. The appearance in the models of the upper and lower parts of the structure reveals more clearly the relation between the building and the topography and the connection of its foundations to the rock. Though this system was not executed in the chapel, it is included in two recent projects.

The Memorial for the Victims of the Witch Trials, in Vardo, Norway is a 128-m-long horizontal wooden scaffold running like a skeleton along a rocky shoreline. Essentially, the structure is a wooden plank seemingly suspended in stretched fabric to form the functional space of the memorial. Zumthor roots the structure in the landscape in a similar fashion for the Zinkminenmuseum, under construction in Allmannajuvet, Sauda, Norway. Zumthor's design incorporates a set of small independent units scattered on the mountainous site of a former zinc mine. This project further develops the work begun in the Saint Benedict Chapel. There are four different structures, but all built using the same wooden beam construction. Each structure differs according to its function (belvedere, mine entrance pavilion, rest facility) and according to the terrain on which it is placed.

Another Temporality

Zumthor's unique models occupy a prominent place in the centre of his workspace and his daily life in Haldenstein. Seeing them every day allows Zumthor to work like a sculptor in the studio – to be absorbed in the act of building. On high pedestals, in front of bay windows, they can be easily compared with other elements of the project. Images are rare in the workshop of the architect. Only a few large drawings hang on the walls and these interact with the models for ongoing projects. During long periods of observation and analysis the models can be manipulated, turned around, and felt, to carry out the evaluation of projects under development.

The presence of the models at the centre of Zumthor's workshop confirms their role as tools. It is the daily confrontation with them that allows Zumthor to work out the articulation of each project. It is not a question of exploring different versions, or exhausting the form through myriad variations. He seeks to develop through his models a specific way of defining spatiality at a reduced scale by a process that is linear and slow. The models are an invitation to take one's time.

Time is an essential element for Zumthor, and he takes it at length. There is time to observe, to forget, to go back, to turn around, to contemplate and to reject, and all at different times of the day, under a changing light. The models function like sculptures, they are capable of making space present, and of conceiving structure and atmosphere. As with Anish Kapoor, Zumthor's models have a plasticity in keeping with the workshop. While Zumthor's wall drawings resonate with the models, Kapoor's recent works are constructed based

volgt de omtreksmuren van de archeologische site van de kerk. De muren omringen de leegte, geven er een aanwezigheid aan, maar lossen tegelijkertijd op in een massa licht en schaduw als gevolg van de talrijke openingen bij het plafond. Hier bovenop is het tweede gedeelte van het museum geplaatst, een structuur met daarin uitgehakt openingen die een dialoog aangaan met de stad. De maquettes van het museum, uitgevoerd in beige gips, tonen duidelijk het spel tussen de massieve constructie en de verfijnde textuur van het oppervlak. De bakstenen van de gevels zijn handgemaakt om zo goed mogelijk samen te smelten met de resten van de ruines. Het gevoel dat je hebt bij de maquette, alsof je in een massa binnendringt, wordt trouwens versterkt door de verschillende afmetingen van de tentoonstellingsruimten. Het museum kan gezien worden als een constellatie van autonome vertrekken die omringd wordt door een perimeter die groter of kleiner wordt, afhankelijk van de plaats waar die zich bevindt.

De maquettes van Peter Zumthor zijn nooit abstract, het zijn sterk fysieke objecten: tastbaar, korrelig en gesitueerd in rotsige en beboste landschappen. Ze zijn uitgehold, geassembleerd, samengesteld, van gips, beton, steen of hout, en benaderen – in materialiteit en uitvoering – zo dicht mogelijk de realiteit van het gebouwde project. Ze zijn daarmee geen substituut van een realiteit, maar de realiteit zelf. Ze tonen sfeer en ruimte, in de expressie van de materialen en de structuur zelf. De identiteit is aanwezig, de sfeer voelbaar.

Een verankerde structuur
De architectuur van Zumthor staat in een landschap, dat zelf niet als een abstractie, maar als een benadering van de realiteit is opgebouwd. Het landschap is een reële voorwaarde in het ontwerpproces, een aanpak die al zijn gerealiseerde projecten kenmerkt. In hun materialiteit, uitvoering en dimensionering benadrukken de maquettes die verankering in een specifieke context.

Een van de oudste projecten die deze aanpak illustreert is de kapel van Sint-Benedictus van Sumvitg (Zwitserland). Gerealiseerd tussen 1985-1988, accentueert de kapel door haar hoogte en door de steilte van de helling haar positie op deze plek. De openingen in de top van de kapel laten het licht doordringen in het interieur en bieden een glimp van de houtconstructie, die binnen zichtbaar is gelaten. De maquettes van het project zijn daarom zo interessant, omdat ze de fundering van de kapel zichtbaar maken en de manier waarop die in de rots is verankerd. De wijze waarop de maquettes het beneden- en bovendeel van de constructie tonen, maakt tevens heel goed duidelijk wat de relatie is tussen het gebouw, de topografie en de verankering in de berg. Hoewel dit systeem niet werd uitgevoerd in de kapel, is het wel toegepast in twee andere, recente projecten.

Het Memorial for the Victims of the Witch Trials, in Vardo (Noorwegen) is een 128 meter lange, horizontale, houten stelling die als een skelet de rotsachtige kustlijn volgt. De bruikbare ruimte van het gedenkteken is in essentie een plankenvloer en een aantal opgehangen stukken stof. Bij het Zinkminenmuseum, dat momenteel in Almannajuvet in Sauda (Noorwegen) in uitvoering is, verankert Zumthor op dezelfde manier het bouwwerk in het landschap. Bij een oude zinkmijn incorporeert Zumthor een serie kleine, losstaande gebouwtjes in het landschap. Dit project scherpt het werk dat in de Sint-Benedictuskapel gestart was verder aan. Er zijn hier vier verschillende structuren, die allemaal gebouwd zijn op basis van hetzelfde houtskeletbouwprincipe. Elk gebouwtje onderscheidt zich, afhankelijk van zijn programma (uitzichttoren, toegangspaviljoen, rustplaats) en de plek waar het staat.

Een andere temporaliteit
Peter Zumthor's unieke maquettes hebben een prominente plek in de werkruimte en in het dagelijks leven van de architect in Haldenstein. Door ze elke dag te zien, kan Zumthor – net als een beeldhouwer in zijn atelier – de daad van het bouwen in zich laten doordringen. Op hoge sokkels, voor de grote ramen, lijken de maquettes de plek te bewonen en kunnen ze makkelijk vergeleken worden met andere onderdelen van het project. In het atelier van de architect zijn nauwelijks afbeeldingen te vinden. Er hangen slechts een paar grote tekeningen aan de muren, die een dialoog aangaan met de onderhanden projecten. De maquettes worden langdurig geobserveerd, geanalyseerd en ten slotte geëvalueerd: men kan er omheen draaien en ze betasten.

De aanwezigheid van de maquettes in het hart van Zumthor's atelier bevestigt hun

on preliminary sketches also drawn on the wall. 'Sculptor in space', 'sculptor of space', Kapoor and Zumthor share an affinity not only in the design and construction of their work but also in the experience of temporality in the constructed space. Both have a singular rapport with time.[6]

Indeed, by their materiality, by their light, their relation to context, the spaces created by Zumthor offer another temporality. The House of Seven Gardens in Doha, for example, consists of a one-floor building of large horizontal planes with patios and openings forming gardens. The house is organised around these openings, offering places of rest, contemplation and calm. This idea of the cloister and the garden of contemplation was also used in the pavilion for the Serpentine Gallery in the summer of 2011. The centre of the pavilion is effectively cut off from the outside world and offers another temporality, a place for meditation and contemplation.

The use of a wide variety of materials for his models is a way for Peter Zumthor to suggest, or interpret an atmosphere rather than to clinically represent space. For Zumthor these objects of seduction become objects of evaluation. It is the sublimation of the material form, providing a spatial experience in four dimensions.

A Formless Work?

The models exhibited in Bregenz represent 41 projects developed between 1985 and 2013. They present not only a variety of programmes, scales, contexts and typologies; above all, they underline a singular approach, an approach that forcefully brings back the question of form. Form is a central element in Zumthor's architecture, though it is articulated in each project without necessarily being the final goal. Instead, form is sublimated by the materials, light, and atmosphere that we experience upon visiting.

The ambiguity between form and its sublimation was raised at an exhibition held in 1996 at the Centre Pompidou in Paris, titled 'Formless: A User's Guide'. The exhibition curators, Yve-Alain Bois and Rosalind Krauss, proposed a rereading of a series of modern artistic practices in support of Georges Bataille's concept of the 'formless'. The French literary and intellectual figure defined the term in 1929 in the journal *Documents*, as 'a term that serves to bring things down in the world, generally requiring that each thing have its form. What it designates has no rights in any sense and gets itself squashed everywhere, like a spider or an earthworm.'[7] In the exhibition, Bois and Krauss consider this operation of declassification 'in the double sense of lowering and of taxonomic disorder'.[8] They intend to cancel out the oppositions on which logical and categorical thinking are based, and they insist on 'the possibility of raw material, that cannot be conceptualised, that is resistant to meaning and metaphor by its very nature'.[9] They emphasise the concept of a beat or pulse that eliminates the separation between space and time.[10] Horizontality, base materialism, entropy and pulse were the four modes of intervention the curators used to classify and prioritise the artistic practices selected.

Replacing horizontality with the emphasised horizon, base materialism with the hollowed-out mass, entropy with the rooted structure, and pulse with another temporality allows us to approach Zumthor's work and consider its relation to form – the hegemonic architectural concept. The formless can create confusion for the classification of projects, or more so, their declassification. This anti-idealist attitude diminishes the sublimation that occurs on visiting Zumthor's architecture. His models, like his buildings, are constructed realities: hollowed out, sculpted and assembled. They can be examined, entered, and manipulated but they never leave one indifferent.

Translation (from French): Colin MacWhirter

6
Homi K. Bhabha, *Anish Kapoor* (Paris: Flammarion, 2011), 113.
7
Georges Bataille, 'Informe', *Documents* 7 (December 1929), 382.
8
In: Yve-Alain Bois and Rosalind Krauss, 'L'Informe: mode d'emploi', exhibition, Centre Pompidou, Paris, 22 May-26 August 1996, press release, 1.
9
Ibid., 3.
10
Ibid., 10.

functie van instrumentarium. Het is de dagelijkse confrontatie met deze modellen waardoor de architect aan de articulatie van elk project kan werken. Het gaat hier niet om een onderzoek naar alternatieven of de uitputting van vorm door talloze variaties. Zumthor wil juist door zijn maquettes een specifieke manier ontwikkelen om ruimtelijkheid op een kleinere schaal te definiëren via een lineair en traag proces. De maquettes nodigen uit om de tijd te nemen.

Tijd is een essentieel element voor Zumthor en moet begrepen worden als 'duur'. Er is tijd om te observeren, te vergeten, op iets terug te keren, er omheen te draaien, te beschouwen en te verwerpen, en dat op verschillende momenten van de dag, in een telkens veranderend licht. Werken de maquettes daardoor niet als sculpturen, die in staat zijn ruimte aanwezig te maken, en structuur en sfeer te conciperen? Net als bij Anish Kapoor hebben de maquettes bij Zumthor een plasticiteit die resoneert met het atelier. Terwijl bij Zumthor de tekeningen aan de muren resoneren met de maquettes, is het werk van Kapoor gemaakt op basis van de potloodschetsen op de muur zelf. 'Beeldhouwer in de ruimte', 'beeldhouwer van de ruimte', Kapoor en Zumthor hebben een affiniteit zowel in het ontwerp en het maken van hun werk als in de ervaring van de temporaliteit van de gebouwde ruimte. Beiden hebben ze een bijzondere relatie met tijd.[6]

Door hun materialiteit, hun licht en hun verhouding tot de context stellen de ruimten die Zumthor creëert een andere temporaliteit voor. Zo bestaat het House with Seven Gardens in Doha (Qatar) bijvoorbeeld uit één bouwlaag, een uitgebreide horizontale structuur met patio's en tuinen. Elke kamer in het huis is rond die tuinen georganiseerd en biedt zo plekken van rust, bezinning, kalmte. Dit concept van het klooster of de bezinningstuin, geïsoleerd in een landschap, werd ook toegepast in het paviljoen voor de Serpentine Gallery in Londen in de zomer van 2011. Binnen in het paviljoen, afgesneden van elk contact met de buitenwereld, heerst een andere temporaliteit, een oord voor meditatie en contemplatie.

De grote diversiteit aan materialen die Peter Zumthor gebruikt voor zijn maquettes, is eerder een manier om sfeer te suggereren of te interpreteren dan een methode om ruimte klinisch te representeren. Bij Zumthor worden

deze objecten van verleiding objecten om te kunnen verifiëren. Het is de sublimatie van de materiële vorm, die voor alles een ruimtelijke ervaring in vier dimensies biedt.

Een vormeloos oeuvre?
De verzameling maquettes die in Bregenz zijn tentoongesteld, laat 41 projecten zien die tussen 1985-2013 werden gemaakt. De maquettes laten niet alleen een diversiteit van programma's, schalen, contexten en typologieën zien, maar ze accentueren vooral een bijzondere aanpak, een aanpak die de vraag over vorm in all hevigheid doet oprijzen. Vorm is een centraal onderdeel van de architectuur van Peter Zumthor, zonder dat deze zo nodig het einddoel vormt. Integendeel, vorm wordt gesublimeerd door de materialen, het licht en de sfeer die we bij een bezoek aantreffen.

De dubbelzinnigheid tussen vorm en sublimatie kwam aan bod bij de tentoonstelling 'L'informe: mode d'emploi' die in 1996 plaatsvond in het Centre Pompidou in Parijs. De curatoren Yve-Alain Bois en Rosalind Krauss stelden er een nieuwe lezing voor van een reeks moderne kunstpraktijken, gebaseerd op het begrip 'vormeloos' van Georges Bataille. Deze Franse letterkundige en intellectueel definieerde het begrip in 1929 in het tijdschrift *Documents* als 'een term die dient om de algemene vereiste, dat alles zijn vorm moet hebben, onderuit te halen. Wat hij aangeeft, heeft in geen enkel opzicht nog rechten en kan overal, als betrof het een spin of aardworm, vertrapt worden.'[7] Deze declassificeringsoperatie pasten Bois en Krauss in de tentoonstelling toe in de dubbele betekenis van: 'elke vorm van taxonomie verwerpen en er chaos in veroorzaken, om de tegenstellingen waarop de logische en categoriale denkwijze berust (vorm en inhoud, maar ook vorm en materie, binnen en buiten, enzovoort) op te heffen'.[8] Ze legden de nadruk op 'de mogelijkheid van

6
Homi K. Bhabha, *Anish Kapoor* (Parijs: Flammarion, 2011), 113.
7
Georges Bataille, 'Informe', *Documents*, nr. 7 (december 1929), 382.
8
Opgenomen in Yve-Alain Bois en Rosalind Krauss, 'L'Informe: mode d'emploi', persbericht tentoonstelling, Centre Pompidou, Parijs, 22 mei-26 augustus 1996, 1.

Models in Peter Zumthor's studio / Maquettes in het atelier van Peter Zumthor

een onbewerkte materie, niet te concipiëren, zowel wars van betekenis en metafoor als van vormgeving'.[9] Ze benadrukten ook het begrip klopping, of pulsatie, die de scheiding tussen ruimte en tijd opheft.[10] Horizontaliteit, Bataille's *le bas matérialisme* (*base materialism*), entropie en pulsatie vormden de vier invalshoeken van waaruit de curatoren de geselecteerde artistieke praktijken klasseerden en in een hiërarchische volgorde plaatsten.

Als we horizontaliteit vervangen door een gemarkeerde horizon, *base materialism* door de uitgeholde massa, de entropie door de verankerde structuur en de pulsatie door de andere temporaliteit, dan zijn we in staat het oeuvre van Zumthor te benaderen en de relatie ervan tot de vorm – een hegemoon begrip in het veld van de architectuur – opnieuw te bekijken. Het vormeloze kan verwarring zaaien bij het (al dan niet) classiferen van projecten. Deze anti-idealistische attitude is ontluisterend wat betreft de ervaring van het sublieme tijdens een bezoek aan Zumthor's architectuur. Zijn maquettes zijn, in die zin net als zijn gebouwen, gebouwde realiteiten: uitgehold, gebeeldhouwd en geassembleerd. Ze laten zich observeren, binnendringen, manipuleren, maar ze laten je nooit onverschillig.

Vertaling (uit het Frans): Martine Wezenbeek

9
Ibid., 3.
10
Ibid., 10.

Gernot Böhme

Encountering Atmospheres
A Reflection on the Concept of Atmosphere in the Work of Juhani Pallasmaa and Peter Zumthor

While it may not be surprising that today Peter Zumthor and Juhani Pallasmaa share common ground with the concept of atmosphere, it is nevertheless something to make us sit up and take note. The one essentially taciturn and above all a master builder, the other admittedly an architect, but active primarily as a lecturer, historian and architecture theorist. Theorist Pallasmaa himself says that he first became familiar with the term at a conference in Copenhagen on 'Atmospheres: Architecture and Urban Space', in 2011,[1] whereas until then he was happy pigeonholing his own work under terms such as 'embodied image' or 'the eyes of the skin'.[2] For Zumthor, the concept evidently assumed a central meaning in the context of the 'Poetische Landschaft' project organised by Brigitte Labs-Ehlert, as part of which he lectured in 2003 on 'Atmosphären' – this culminated in his book of the same name, published in 2006 by Birkhäuser in Basel.[3]

However, both use the term 'atmosphere' occasionally, or rather in Zumthor's case relatively frequently, and one can certainly not say 'coincidentally' as these occasional uses are definitely significant. For example, in the book *Atmosphären*, when discussing the photo of Broad Street Station in Richmond, Zumthor mentions it to describe a decisive impression that played a strong role in his biography as an artist. In *Thinking Architecture* (1998) he mentions his aunt's kitchen and ends the account with the sentence: 'The atmosphere of this room is insoluble linked with my idea of a kitchen.'[4]

And Pallasmaa makes use of the expression atmosphere to describe what holds Alvar Aalto's 'episodic architecture' together, that is an architecture that proceeds not from an overall concept but from the details and individual scenes: 'The whole is held together by the constancy of an emotional atmosphere, an architectural key, as it were.'[5] Both men use the term to designate an overall emotional impression that a building, a scene or even an image makes.

It is worth asking what the close link is between these two architects and why today both exhibit the same tendency to use the term 'atmosphere' to describe the central intent of their work. Generally speaking, they are linked by an underlying stance that is critical of modernism. This may include a degree of conservatism, but is specifically directed against the style promulgated by architectural modernism. They feel the latter is characterised by rational designs, industrial buildings and above all by the dominance of the visual. One could join them in asking whether categorising architecture as one of the visual arts is not counterproductive.[6] Both men emphasise the other senses instead, Pallasmaa primarily championing the haptic. Moreover, they criticise an approach that starts with the overall building

1
The contributions to the conference 'Atmospheres: Architecture and Urban Space', which took place in Copenhagen, will be edited by Christian Borch and published by Birkhäuser.
2
Both categories are book titles: *The Eyes of the Skin: Architecture and the Senses* (London: Academy Editions, 1996); *The Embodied Image: Imagination and Image in Architecture* (Chichester: John Wiley, 2011).
3
Peter Zumthor, *Atmosphären* (Basel: Birkhäuser, 2006).
4
Peter Zumthor, *Thinking Architecture* (Basel: Birkhäuser, 1998), 9.
5
Juhani Pallasmaa: 'Hapticity and Time. Notes on Fragile Architecture (2000),' in: Peter Mackeith (ed.), *Encounters. Architectural Essays* (Helsinki: Rakennustieto Oy, 2005), 326. Pallasmaa describes this episodic approach to building by Aalto extensively in the book he edited: *Alvar Aalto, Villa Mairea* (Helsinki: Alvar Aalto & Mairea Foundation, 1998), 85 ff.

Gernot Böhme

Een treffen van sferen
Reflectie op het begrip sfeer bij Juhani Pallasmaa en Peter Zumthor

Dat Peter Zumthor en Juhani Pallasmaa elkaar vandaag in het kader van het begrip 'sfeer' treffen, is niet verrassend, wel iets om bij stil te staan. De een is een man van weinig woorden en vooral architect; de ander is weliswaar ook architect, maar vooral actief als docent, historicus en theoreticus op het terrein van de architectuur. Theoreticus Pallasmaa kwam naar eigen zeggen pas in 2011, op de conferentie 'Atmospheres: Architecture and Urban Space' in Kopenhagen,[1] in aanraking met het begrip sfeer terwijl hij zich tot dan toe voornamelijk bediende van termen als *embodied image* of het 'zien' via de huid.[2] Voor Zumthor is sfeer kennelijk een kernbegrip geworden, sinds hij in het kader van het door Brigitte Labs-Ehlert georganiseerde project 'Poetische Landschaft' in 2003 een lezing gaf onder de titel 'Atmosphären', waar uiteindelijk zijn gelijknamige boek uit voortkwam dat in 2006 verscheen.[3]

Bij beiden komt de term sfeer overigens eerder ook al wel incidenteel voor, bij Zumthor zelfs relatief vaak, al wil dat helemaal niet zeggen dat het gebruik ervan slechts 'bijkomstig' is, want in die incidentele gevallen is de betekenis wel degelijk van belang. Zumthor is al eerder voor zijn artistieke ontwikkeling diepgaand beïnvloed door het begrip sfeer, zoals blijkt uit de foto van Broad Street Station in Richmond (Londen) die hij in 2006 opneemt in *Atmosphären*. In *Thinking Architecture* (1998) schetst hij een beeld van de keuken van zijn tante en eindigt met de zin: 'De sfeer van deze kamer is onlosmakelijk verbonden met mijn idee van een keuken.'[4] En Pallasmaa gebruikt het begrip sfeer om aan te duiden wat de bindende factor vormt van de 'episodische architectuur' van Alvar

Aalto, architectuur die niet uitgaat van een totaalconcept, maar meer van details en losse onderdelen: 'Het geheel wordt bijeen gehouden door de constante van een emotionele sfeer, een architectonische sleutel als het ware.'[5] Beiden betitelen er dus de emotionele totaalindruk mee die van een bouwwerk, een omgeving of zelfs van een beeld uitgaat.

Het is interessant na te gaan wat deze twee architecten met elkaar gemeen hebben en waarom ze tegenwoordig allebei de neiging hebben om zo de nadruk te leggen op het begrip sfeer. Wat hen in algemene zin bindt, is hun kritische houding ten aanzien van het modernisme. Daarin schuilt misschien een zeker conservatisme, maar ze zetten zich vooral af tegen de stijl die het modernisme propageert. Wat hen betreft wordt die gekenmerkt door rationele ontwerpen en industrieel bouwen, maar vooral door een overheersende aandacht voor het visuele. De vraag die daar logisch uit voortvloeit, is of de indeling van de architectuur bij de visuele kunsten niet contraproductief is.[6] Beiden pleiten ze voor meer

[1]
De bijdragen aan de conferentie conferentie 'Atmospheres: Architecture and Urban Space' in Kopenhagen, onder redactie van Christian Borch, zullen worden uitgegeven bij Birkhäuser.
[2]
Dit zijn ook Pallasmaa's boektitels: *The Eyes of the Skin: Architecture and the Senses* (Londen: Academy Editions, 1996) en *The Embodied Image: Imagination and Image in Architecture* (Chichester: John Wiley, 2011).
[3]
Peter Zumthor, *Atmosphären* (Basel: Birkhäuser, 2006).
[4]
Peter Zumthor, *Thinking Architecture* (Basel: Birkhäuser, 1998), 9.
[5]
Juhani Pallasmaa, 'Hapticity and Time. Notes on Fragile Architecture (2000)', in: Peter Mackeith (red.), *Encounters. Architectural Essays* (Helsinki: Rakennustieto Oy, 2005), 326. Pallasmaa gaat uitvoerig in op het episodische bouwen van Aalto in het door hem samengestelde boek *Alvar Aalto: Villa Mairea 1938-1939* (Helsinki: Alvar Aalto Foundation en Mairea Foundation, 1998), 85 e.v.
[6]
Gernot Böhme, 'Architektur: eine visuelle Kunst?', in: Böhme, *Atmosphäre: Essays zur neuen Ästhetik* (Frankfurt am Main: Suhrkamp, 2013 [7e uitgebreide druk]), 112-133.

and works down to the details and insist instead that there is at least oscillation between the whole and the parts in the design process. Behind this idea is above all the demand that we take our cue from the needs of future users, try and think our way into them, if not indeed identify with them. However, this means that the architect should start with the user's future residential setting and the interior that is then used. The two therefore reject what, for example, was the case with Libeskind's Jewish Museum in Berlin or, for that matter, Gehry's Guggenheim-Museum in Bilbao, namely that initially the building is simply posited like an autonomous sculpture, and then later filled by others with objects, in terms of which the relationship to architecture can no longer be construed.[7]

Add to these two points, the rejection of modernism and planning from the perspective of the user, a third, namely the high esteem they have for craftsmanship. Included in this category are the craftsmen who are involved in manufacturing buildings, which under the given production conditions is of course only possible with very special projects. What is far more important is craftsmanship on the part of the architect himself. This means that both men uphold classical hand drawing and studying designs using real models, in other words are sceptical of design work solely at the computer screen. This no doubt has to do with the fact that both have rustic origins, but in the case of Pallasmaa, who follows Heidegger here, is put on a pedestal as the foundations of creative activity.[8] For both, this means that architecture must be taught classically in a master-pupil relationship.

What concepts have the two used hitherto, without the notion of atmosphere, to articulate their shared interest? It is easier to say for Pallasmaa, probably because he is a theorist, while Zumthor as the practical man sets less store by coining terms and therefore tends to favour descriptions or even paraphrase. The main term Pallasmaa used was that of *embodied image*. This concept is clearly influenced by Merleau-Ponty, who only wanted to retain the concept of the ego or individual to the extent that the individual was then construed in corporeal terms.[9] As regards Pallasmaa, who rejects the primacy of the visual in architecture, it is noteworthy that he nevertheless upholds the notion of *image*. What he

has in mind are real, embedded images. Thus, for example, in architecture a *door* cannot simply continuing being a formal element, but must be considered a passage, an element in the course of life. Put differently, not only need dynamic aspects be taken into account (Pallasmaa is of the opinion that architecture is more a verb than a noun), but also the other senses, and he therefore accords absolute priority to the tactile. He suggests that tactility is the primary sense and all the other senses are derived from it. And since, true to the post-Cartesian tradition, he views tactility as a surface sense, skin as the sensory organ, facial sense also needs to be grasped as a special form of tactility, and hence the title of his book is *The Eyes of the Skin.*

If one were to identify a corresponding core idea in Zumthor's approach, then it would be the primacy of the material. That said, the extraordinary weight that Zumthor accords the material relates to the real materials used in building and therefore not to what I have termed the *gleam of material*, the appearance of surfaces: Zumthor rejects rendering, sheaths or camouflage on his walls.[10] This basic tenet of his

6
Gernot Böhme, 'Architektur: eine visuelle Kunst?', in: Böhme, *Atmosphäre: Essays zur neuen Ästhetik* (Frankfurt am Main: Suhrkamp, 2013 [7th exp. ed.]), 112-133; Published in English in: Ralf Beil and Sonja Feßel (eds.), *Andreas Gursky – Architektur* (Ostfildern: Hatje Cantz, 2008), 24-31.

7
Needless to say, the same issue should be discussed as regards Zumthor's Kunsthaus in Bregenz, Austria, although it bears considering that this gallery was explicitly created for changing exhibitions and the interior design is therefore very restrained in architectural terms.

8
Juhani Pallasmaa, *The Thinking Hand. Existential and Embodied Wisdom in Architecture* (Chichester: John Wiley, 2009).

9
For instance Maurice Merleau-Ponty, *Phenomenology of Perception* (New York: Routledge, 2005) and Maurice Merleau-Ponty, *The Visible and the Invisible* (Evanston: Northwestern University Press, 1968).

10
G. Böhme, 'Der Glanz des Materials,' in: *Atmosphäre*, op. cit. (note 5), 49-65. See also 'Inszenierte Materialität', in: Daidalos, no. 56 (1995), 36-43.

aandacht voor de overige zintuigen, Pallasmaa vooral de tastzin. Verder hebben ze kritiek op het idee dat een ontwerpproces zich lineair ontwikkelt van geheel naar detail en bepleiten ze juist dat op zijn minst een wisselwerking tussen deel en geheel moet plaatsvinden. Belangrijkste punt is dat er rekening wordt gehouden met de behoeften van de toekomstige gebruiker, dat men zich in hem verplaatst en zich misschien zelfs met hem identificeert. Dat houdt dan wel in dat een architect zal moeten uitgaan van de toekomstige woonomgeving van die gebruiker c.q. het beoogde gebruik van het interieur. Voor Pallasmaa en Zumthor dus beslist geen creaties zoals het Joods Museum van Libeskind in Berlijn of Gehry's Guggenheim Museum in Bilbao, waar eerst een bouwwerk als zelfstandige sculptuur wordt neergezet, dat vervolgens door anderen met objecten wordt gevuld waaruit geen enkele relatie met de architectuur spreekt.[7]

Behalve die twee punten, de afkeer van het modernisme en de wens om vanuit het perspectief van de gebruiker te bouwen, delen ze ook een grote waardering voor een ambachtelijke manier van bouwen, wat met de huidige productieomstandigheden bij bouwprojecten alleen in zeer bijzondere gevallen uitvoerbaar is. Maar wat zij nog veel belangrijker vinden, is dat de architect zelf ambachtelijk te werk gaat. Dat houdt in dat zij vasthouden aan klassieke, met de hand getekende ontwerpschetsen en aan ontwerpstudies met concrete maquettes, en dus een sceptische houding hebben tegenover het ontwerpen op de computer. Dat heeft zeker te maken met het feit dat ze een rurale achtergrond hebben, maar Pallasmaa verheft dat gegeven van ambachtelijkheid (in navolging van Heidegger) nog eens tot een van de basisvoorwaarden voor creativiteit.[8] Verder delen ze ook de mening dat architectuur een vak is dat op de klassieke manier van leermeester op leerling dient te worden overgebracht.

In welke termen hebben ze hun gemeenschappelijke interesses, voordat ze het begrip sfeer gingen hanteren, onder woorden gebracht? Dat is bij Pallasmaa gemakkelijker gezegd, waarschijnlijk omdat hij theoreticus is, terwijl Zumthor als man van de praktijk veel minder waarde hecht aan precisering van begrippen en eerder geneigd is tot meer algemene

beschrijvingen of parafraseringen. Pallasmaa bedient zich voornamelijk van het begrip *embodied image*, duidelijk beïnvloed door Merleau-Ponty, voor wie begrippen als het 'ik' of 'subject' alleen konden bestaan als er sprake was van een belichaamd subject.[9] Pallasmaa wijst de voorrang van het visuele in de architectuur af, maar houdt opmerkelijk genoeg wel vast aan het begrip *image*. Maar dan gaat het wel om beeld dat concrete, inherente betekenissen heeft en niet enkel om een visueel beeld. In de architectuur is 'deur' niet louter een vorm, maar moet ook begrepen worden als doorgang, een existentieel element in het dagelijks leven. Waarmee niet gezegd is dat de aandacht enkel moet uitgaan naar het dynamische – voor Pallasmaa is architectuur immers meer een werkwoord dan een zelfstandig naamwoord – maar zijn het juist de andere zintuigen die aandacht verdienen, en de tastzin vindt hij daarbij veruit het belangrijkst. De tastzin is volgens hem het oorspronkelijke zintuig, waarvan alle andere zintuigen zijn afgeleid. En aangezien hij, in lijn met de postcartesiaanse perceptie, de tastzin als oppervlaktezintuig beschouwt en daarmee de huid als tastorgaan, dient dus ook het gezichtsvermogen als een bijzonder soort tastzintuig opgevat te worden. Vandaar ook zijn boektitel *The Eyes of the Skin*.

Een vergelijkbaar kernbegrip bij Zumthor is waarschijnlijk de prioriteit van het materiaal. Het buitengewone belang dat hij aan materiaal hecht, richt zich overigens op het concrete bouwmateriaal. Dus niet op dat wat ik de *schone schijn van het materiaal* heb genoemd, ofwel de afwerking van de buitenkant: pleisterkalk, siersteen of camouflage wijst Zumthor

---

7
Natuurlijk gaat diezelfde vraag ook op voor Zumthor's Kunsthaus in Bregenz, al moet daarbij worden opgemerkt dat het expliciet is ontworpen voor wisseltentoonstellingen en de architectonische vormgeving van het interieur zeer sober is.

8
Juhani Pallasmaa, *The Thinking Hand. Existential and Embodied Wisdom in Architecture* (Chichester: John Wiley, 2009).

9
Zie bijv.: Maurice Merleau-Ponty, *Phenomenology of Perception*. (New York: Routledge, 2005) en Maurice Merleau-Ponty, *The Visible and the Invisible* (Evanston: Northwestern University Press, 1968).

building designs, and we could term it taking the materials seriously, brings additional more or less rigid standards into play, such as factoring into the design the building's acoustic qualities (and not just of music halls), or embedding the buildings into their surroundings and the landscape as regards the materials used. Moreover, Zumthor aspires to make edifices that interact with the way the weather and light change depending on the season.

Finally, in the oeuvre of both men there is a manifest interest in the emotional effect of architectural works. And this element may indeed be decisive for the fact that their shared interest ultimately converges in the concept of atmosphere. For neither the introduction of emotionality derives from the expansion of the visual to include the other classical four senses, nor does taking the materials seriously directly reveal why it is emotions that are involved. Yet this is the case with atmospheres, as atmospheres are, in the simplest definition, *tempered spaces*.

So all that would remain is to show how the concept of atmosphere informs both architects' thoughts and intentions. What emerges is that they have both only gone halfway, as it were, and have not fully exhausted the potential that the concept of atmosphere has for architecture. To take Pallasmaa first. I have already pointed out that Pallasmaa, by according tactility the role of being the sense at the root of all senses, essentially falls prey to a Cartesian reduction. For originally, starting with Aristotle, the haptic sense was by no means a surface sense and its organ was also not the skin, but the flesh or in the final instance even the heart. This view will seem obvious to modern man if we remember that to this day we still assign the sense of warmth to tactility. In terms of recent phenomenology as promulgated by Hermann Schmitz, we should now say that it is not one of the five senses that is the underlying sense, but corporeal feeling.[11] Corporeal feeling allows me not only to feel something, but also to feel how I feel, my sensitive state. Atmospheres are by nature experienced by corporeal feeling, namely by their tendency to 'affect' me, to put me in a specific mood. This is precisely the point where one would arrive if one thought the concept of the embodied image through to its end.

Incorporating views can also mean that we are affected by them, actually experience them in corporeal feelings.

Likewise, taking material properties seriously, and we have stated that this is the core of Zumthor's outlook, implies corporeality. For how are materials actually experienced? Is there a specific sense for materiality? One could of course say that they are primarily experienced through touch, but also by their appearance, visually. Moreover, and Zumthor attaches great importance to this, they can be experienced by acoustic resonance and, if we are not talking about construction materials, then of course and perhaps even primarily by the oral senses. One could thus conclude that the nutritional sense is the real material sense.

In the context of architecture it is, however, more appropriate to say that material is experienced synesthetically.[12] Synesthetic qualities, such as coarse or cold, are so called because they are experienced using different sensory qualities that can mutually substitute for each other. For example, a room can seem cool because it is painted blue, or because it is completely tiled. It is again the corporeal feeling that drives synesthetic experience. Synesthetic qualities are perceived through the sensitive state they engender in my body. We see that Zumthor's notion of taking materials seriously also essentially rests on corporeal experience. Naturally, he is also interested in something like truth in architecture and no doubt again in craftsmanship, and ecological aspects, but the users perceive the materials through synesthetic experience, that is, in the final analysis in the affective impact of corporeal feeling.

So we see that the emergence of the concept of atmosphere in the work of Pallasmaa and Zumthor has to do with the fact that they take man in his corporeality as the reference point of architecture. This new humanism may be reminiscent of Vitruvius, but the issue here is not that man as a body becomes the basic yardstick of built proportions. Rather, as a body man is,

11
Schmitz, Hermann. *Neue Phänomenologie* (Bonn: Bouvier 1980).
12
Gernot Böhme, 'Synästhesien', in: Böhme, *Atmosphäre*, op. cit. (note 5), 85-98.

af.[10] Aan het door hem beproefde basisprincipe serieuze aandacht voor het materiaal bij het bouwen voegt hij nog enige richtlijnen toe. Bijvoorbeeld dat er in het ontwerp rekening moet worden gehouden met de akoestische eigenschappen van gebouwen – en niet alleen bij muziekzalen – of dat gebouwen qua materiaal in de omgeving en het landschap moeten passen. Plus dat er een zekere wisselwerking moet worden nagestreefd met de door het jaar heen wisselende weers- en lichtomstandigheden.

Bij zowel Zumthor als Pallasmaa is bovendien nog hun interesse te noemen in de emotionele uitwerking van architectuur. Dit element kan weleens doorslaggevend zijn voor het feit dat hun interesses uiteindelijk samenkomen in het begrip sfeer. Uitbreiding van het visuele met de andere vier klassieke zintuigen leidt immers niet per se tot een emotioneel effect, en evenmin wordt helder waarom iemand geëmotioneerd zou raken, als hij serieus aandacht schenkt aan het stoffelijke. Maar als je uitgaat van sferen wordt het wél verklaarbaar: volgens de simpelste definitie zijn sferen tenslotte *stemmige ruimten*.

Rest nog duidelijk te maken hoe het begrip sfeer aansluit bij de gedachten en bedoelingen van de twee architecten. Naar zal blijken, zijn ze ergens halverwege blijven steken, en hebben ze het potentieel dat het begrip sfeer voor de architectuur heeft, nog niet ten volle benut. Laten we allereerst naar Pallasmaa kijken. Ik heb er al op gewezen dat, als hij de tastwaarneming beschouwt als het principiële zintuig, hij zich laat misleiden door een cartesiaanse beperking. Oorspronkelijk (al bij Aristoteles) was tastzin allerminst een oppervlaktezintuig en verliep de tastzin ook niet enkel via de huid, maar in bredere zin ook via het vlees of eventueel het hart. Deze opvatting zal ook de moderne mens direct begrijpen, als hij zich realiseert dat we nog altijd ons warmtegevoel bij de tastwaarneming indelen. Zoals Hermann Schmitz stelde in het kader van de zogenaamde nieuwe fenomenologie, moeten we niet een van de vijf zintuigen als basiszintuig beschouwen, maar de lichamelijke waarneming.[11] Die beperkt zich niet tot het waarnemen van dingen, maar strekt zich ook uit tot hoe men zich voelt, onze gemoedstoestand. Sfeer is iets wat zich door lichamelijke waarneming laat ervaren: ik kan er 'affectief' door geraakt worden,

in een bepaalde stemming door gebracht worden. Dat is ook precies waar je op uitkomt, wanneer je de hele gedachtegang rond *embodied image* volgt. De belichaming van beelden kan namelijk ook inhouden dat we affectief door die beelden geraakt worden en dat we die dus als een feitelijke lichamelijke waarneming ondergaan.

Ook serieuze aandacht voor het materiaal, de centrale gedachte bij Zumthor, impliceert lichamelijkheid. Want hoe worden materialen eigenlijk ervaren? Bestaat er een speciaal zintuig voor stoffelijke zaken? Natuurlijk kun je zeggen dat die primair door de tastzin worden ervaren, maar we ervaren ook hun uiterlijk, langs optische weg. En via klanktrillingen, iets waar Zumthor veel waarde aan toekent, en natuurlijk en misschien zelfs wel primair (maar dan gaat het niet zozeer om bouwmaterialen) via de smaak. Je zou zelfs de ervaring van voedsel kunnen zien als de oervorm van de zintuiglijke ervaring van materialen.

Binnen de context van de architectuur kunnen we het, bij de waarneming van materiaal, beter over synesthesie te hebben.[12] Combinaties als rauw/koud worden synesthetisch genoemd, omdat bij de ervaring ervan meerdere zintuigen tegelijk meespelen. Een ruimte kan bijvoorbeeld koel overkomen als hij blauw geschilderd is, maar ook als hij rondom betegeld is. Synesthesie komt dus overeen met de eerder genoemde lichamelijke waarneming. De synesthetische waarneming wordt bepaald door de gemoedstoestand die lichamelijk wordt opgeroepen. Blijkbaar beoogt ook Zumthor met zijn serieuze aandacht voor het stoffelijke een lichamelijke ervaring. Natuurlijk gaat het bij hem ook om zoiets als waarheid in de architectuur, en vast ook om ambachtelijkheid en ecologische aspecten, maar uiteindelijk ervaart de gebruiker

10
Gernot Böhme, 'Der Glanz des Materials', in: Böhme, *Atmosphäre*, op. cit. (noot 5), 49-65. Zie ook: 'Inszenierte Materialität', in: *Daidalos*, nr. 56 (1995), 36-43.
11
Hermann Schmitz, *Neue Phänomenologie* (Bonn: Bouvier 1980).
12
Gernot Böhme, 'Synästhesien', in: Böhme, *Atmosphäre*, op. cit. (noot 5), 85-98.

as it were, the sounding board for architectural quality. 'Quality in architecture is for me when a building manages to move me.'[13] Put differently, my state of well-being tells me in what sort of a space I find myself. And what between both (namely corporeal state and the qualities of the space I am in) is acting as an intermediary – that is the atmosphere.

The quality of a building or a built ensemble cannot be determined in the final analysis by the eye or the central vantage point in a photo. For the visual senses distances, while the quality of architecture can essentially only be judged by corporeal presence. This does not exhaust the potential the term atmosphere has. If atmospheres are tempered spaces, then both architects primarily refer to the first term defined, namely *temper* or *emotion*. However, the focus is also always on the second term, too, the space: atmospheres are spaces of a unique kind. So what sort of spaces are involved here? An architect thinks in terms of tradition and because he actually always concerns himself with shaping reality, namely the world of things, he thinks of geometric space. But geometric space is the space of representations, of drawings and models.

The space essentially involved, at least if we take the term atmosphere seriously and gear the design seriously to the user's perspective is the space of corporeal presence. This space has a structure unlike that of geometric space. It is based not on measurements but on local relationships and skins and topological space; above all, it is not isotropic but includes direction, above and below, centring, narrowing and expansion. Indeed the architect must continue to work in the space of things and consider geometry. That said, what is the key is to create spaces of corporeal presence. The introduction of the term atmosphere leads to this redefinition of the art of architecture: architecture is the creation and design of spaces of corporeal presence.

Juhani Pallasmaa's reaction to this article:

Reading Gernot Böhme's text one might get the impression that I am thinking of touch as the literal sense of touching, but in fact I am thinking of tactility in an existential sense, as an experience of one's being and sense of self. This is why the tactile, or haptic, experience becomes the integration of all the sense modalities, and that is why I regard it as the most important of our senses. It is this haptic sense of being in the world, and in a specific place and moment, the actuality of existence, that is the essence of atmosphere.

Gernot Böhme's postscriptum in reaction to Pallasmaa:

I think his idea of the haptic is best described in German as *leibliches Spüren*. In the end we agree on the matter.

Translation (from German): Jeremy Gaines

13
Zumthor, *Atmosphären,* op. cit. (note 3), 11.

de materialen door synesthesie, dus door wat de lichamelijke waarneming emotioneel teweegbrengt.

De prominentere plaats die het begrip sfeer bij Pallasmaa en Zumthor krijgt, is duidelijk een gevolg van het feit dat zij de lichamelijkheid van de mens als referentiepunt in de architectuur nemen. Dit nieuwe humanisme in de architectuur ademt wel iets uit van de geest van Vitruvius, maar het gaat in dit geval niet om het menselijk lichaam als uitgangspunt van bouwkundige proporties. De mens vormt als lichaam als het ware de klankbodem voor architectonische kwaliteit: 'Architectonische kwaliteit valt of staat voor mij met het feit of een bouwwerk mij weet te raken.'[13] Met andere woorden: ik voel aan mijn gemoedstoestand in wat voor ruimte ik me bevind. En de link tussen hoe ik me voel en de eigenschappen van de ruimte waarin ik me bevind, dat is de sfeer.

Wat de kwaliteit van een gebouw of bouwcomplexen uitmaakt, is eigenlijk niet met het oog of fotografisch in centraal perspectief te bepalen. Optische waarneming schept tenslotte afstand, terwijl de kwaliteit van een bouwwerk eigenlijk alleen door lichamelijke aanwezigheid beoordeeld kan worden. Hiermee is het potentieel van het begrip sfeer echter nog niet uitgeput. Als sferen stemmige ruimten zijn, dan refereren Zumthor en Pallasmaa voornamelijk aan het eerste onderdeel van die term, aan *stemming* of *emotionaliteit*. Maar het gaat ook altijd om het tweede onderdeel, om ruimte: sferen zijn ruimten met een apart karakter. Maar om wat voor ruimten gaat het hier precies? Een architect denkt traditioneel – ook omdat hij altijd concreet te maken heeft met het vormgeven van de werkelijkheid ofwel de tastbare wereld – aan een meetkundige ruimte. Maar een meetkundige ruimte is een ruimte van presentaties, van tekeningen en maquettes.

De ruimte waarom het werkelijk gaat, althans wanneer we het begrip sfeer serieus nemen en bij het ontwerpen nauwgezet te werk gaan vanuit het oogpunt van de gebruiker, is een ruimte van lichamelijke aanwezigheid. Deze ruimte heeft een andere structuur dan de meetkundige ruimte. Hij kent geen afmetingen, eerder onderlinge verhoudingen en afsluitingen zoals in een topologische ruimte, maar hij is op de eerste plaats niet isotroop: hij kent richtingen, boven en onder, concentraties, vernauwingen en verwijdingen. De architect zal zeker ook in de concrete ruimte blijven werken en zich met meetkundige oplossingen bezighouden, maar waar het in wezen om gaat, is het creëren en vormgeven van ruimten van lichamelijke aanwezigheid. De introductie van het begrip sfeer moet leiden tot deze nieuwe definitie voor de bouwkunst: architectuur is het creëren en vormgeven van ruimten van lichamelijke aanwezigheid.

13
Zumthor, *Atmosphären,* op. cit. (noot 3), 11.

Reactie Juhani Pallasmaa:

Wanneer je de tekst van Gernot Böhme leest, zou de indruk kunnen ontstaan dat ik bij tastzin denk in de letterlijke zin van aanraking, maar in feite denk ik bij tastzin op een existentiele manier, als een ervaring van je eigen bestaan en begrip van het zelf. Om die reden integreert de tactiele (of haptische) ervaring alle zintuiglijke modaliteiten, en het is om die reden dat ik de tastzin beschouw als ons belangrijkste zintuig. Voor mij is de essentie van sfeer het haptische gevoel waarmee we ons bestaan in de wereld ervaren, de actualiteit van dat bestaan, op een specifieke plek, op een specifiek moment.

Postscriptum Gernot Böhme in reactie op Pallasmaa:

Zijn idee van het haptische zou, denk ik, in het Duits vertaald worden als *leibliches Spüren.* Uiteindelijk zijn we het over dit onderwerp eens.

Vertaling (vanuit het Duits): Wouter Groothuis

Projecten

Projects

Building Atmosphere

Gus Tielens

Ritmische ruimte

Myyrmäki kerk, Vantaa, Finland,
1984, Juha Leiviskä

De avond voorafgaand aan de ontmoe-
ting met Juhani Pallasmaa in Helsinki
bezochten we de Myyrmäki kerk in
Vantaa, een voorstad van Helsinki. Het
gebouw uit 1984 is ontworpen door de
Finse architect Juha Leiviskä. De reis met
de trein vanuit het centrum van Helsinki
duurt ongeveer 20 minuten. Bij aankomst
op het station van Louhela-Myyrmäki
lijkt de kerk naadloos aan te sluiten op de
richting en het ritme van de trein. De
kerk staat met één zijde pal langs het
spoor en in de directe omgeving liggen
behalve het station grote woongebouwen,
een paar parkeerplaatsen en veel bomen.
De Myyrmäki kerk is zoals veel Finse
kerken bij uitstek een publiek gebouw:
behalve de kerk huizen ook de kinderop-
vang en het buurthuis in het gebouw.
        Het publieke karakter van de kerk
wordt versterkt door het verspringen van
de gevel in hoogte en diepte, en dit werkt
als een zorgvuldige handreiking naar de
omgeving. Het gebouw tast daarmee als
het ware om zich heen en is aan alle kanten benaderbaar. Op allerlei plaatsen zijn
deuren, gevelopeningen en overdekte
plekken. Andersom omarmt de omgeving
het gebouw. Op veel plaatsen staan de
bomen tot aan de gevel waardoor de
groene omgeving de kerk lijkt binnen te
dringen. Het gebouw zelf bestaat uit een
reeks grotere en kleinere gebouwdelen die
licht verschoven ten opzichte van elkaar
het geheel vormen. Gesloten en open delen wisselen elkaar af. De gesloten delen
zijn schijven van lichtbeige baksteen met
een lichtgrijze voeg, gemetseld in half-
steens verband. De gesloten, zwaardere
bakstenen muren omvatten de open en
lichtere geveldelen. De deuren en kozij-
nen van witgeverfd hout liggen terug ten
opzichte van de metselwerk gevel. De gebouwdelen verschillen in maat en schaal,
en verschijnen daardoor als een natuurlijk gevormde rots langs het spoor, met
op het hoogste punt het kruis.
        Vanavond zingt een koor dat speci-
aal uit Mozambique is overgekomen.
Kleine groepjes mensen lopen gearmd
naar de entree, soms iemand alleen. Er
heerst een opgewonden sfeer vanwege de
gasten van ver. Het contrast tussen de
Mozambikaanse zangers en het overwel-
digend lichte interieur kan bijna niet groter zijn. Als de mensen zijn gaan zitten en
de dominee met trots zijn aankondiging
heeft gedaan, beweegt de groep zich hum-
mend, zingend en ritmisch wiegend langzaam naar binnen. Het ritme van de
groep zangers lijkt perfect op te gaan in

Gus Tielens

Rhythmic Space

Myyrmäki Church, Vantaa, Finland,
1984, Juha Leiviskä

The evening before we meet Juhani
Pallasmaa in Helsinki, we visit the
Myyrmäki Church in Vantaa, a suburb
of Helsinki. The building was designed in
1984 by Finnish architect Juha Leiviskä,
a contemporary and fellow Helsinkian of
Pallasmaa's. The train trip from the centre of Helsinki takes about 20 minutes.
Arriving at the station of Louhela-
Myyrmäki, the church seems to seam-
lessly continue in the direction and
rhythm of the train. One side of the
church stands right next to the rails.
Apart from the station, the immediate
surroundings of the church consist of
large residential buildings, a few parking
places and lots of trees. Like many
Finnish churches, the Myyrmäki Church
is a prime example of a public building:
besides the church, it also houses a day
nursery and a community centre.
    The public nature of the building is
emphasised by façades that vary in height
and depth, which works as a careful
reaching out to the surroundings. The
building feels its way around, as it were,
and is therefore approachable from all
sides. In all sorts of places there are
doors, openings in the façade and covered areas. The other way round, the surroundings embrace the building. In many
places, the trees come right up to the façade, so that the green environs seem to
want to penetrate the building. The
building itself consists of a series of larger
and smaller sections that, slightly shoved
against one another, form a whole.
Closed and open sections alternate. The
closed parts are of light beige brick in
stretching bond with light grey joints.
The closed, heavier brick parts enclose
the open and lighter façade sections of
white-painted wood, doors, frames and
glass. These sections of the façade are re-
cessed in relation to the brickwork. The
various parts of the building differ in dimension and scale, making them appear
like a naturally formed rock lying along
the railway, with a cross on the highest
point.
    Tonight, a choir that has especially
come from Mozambique will be singing.
Little groups of people walk arm in arm
towards the entrance; occasionally someone comes alone. There is an air of excite-
ment because of the guests from afar. The
contrast between the Mozambiquean
singers and the overwhelmingly light interior cannot be greater. Once the people
have taken their seats and the minister
has proudly made his announcement, the
group slowly enters, humming, singing,
and swaying rhythmically. Their rhythm
seems to merge perfectly with the precise,
rectangular interior of predominately
white painted wooden slats.
    The interior is a meticulously com-
posed play of light and wooden slats.
Every corner is different, every bench and
every compartment has been designed,
without marring the space as a coherent
whole. It is known that Leiviskä felt an
affiliation with the principles of neoplasticism. Here, it seems as though a carpen-
ter has fulfilled his ultimate dream, so
precise and carefully does the rectangular
structure of slats link up with the fall of
light. As the finishing touch, the lights,
also designed by Leiviskä, hang in the
space like fireflies dancing to a precise
choreography.
    A day later, during the interview,
Juhani Pallasmaa tells us that Juha
Leiviskä plays piano and has a great
fondness for Mozart. 'Leiviskä's work is
surprisingly musical, you hear that space.
The rhythm of walls and the rhythm of
light is really beautiful in most of his
work.' The precision that Pallasmaa describes can also be experienced as strictness. A strictness that radiates authority.
A strictness that can be felt when you enter the building. Here, the designing appears to have been done according to
very precise rules; in this building, precise
rules apply.
    When we discuss Leiviskä's work
with Peter Zumthor, he sees a contrast:
'Juha and a lot of Finnish architects are
about form. It is quite strong, light, they
hate the heavy. My work is heavy.'
Pallasmaa can relate to this. 'I can understand that the sense of gravity in
Leiviska's work is too thin for Peter.
Peter loves things to be more grounded.'
The lightness of the building does not
mean it is not grounded, however.
Leiviskä himself spoke of this in 1995:
'To qualify as architecture, buildings, together with their internal spaces and their
details, must be an organic part of the
environment, of its grand drama, of its
movement and of its spatial sequences.
To me, a building as it stands, "as a piece
of architecture", is nothing. Its meaning
comes only in counterpoint with its surroundings, with life and with light.'[1] That
is what we experience on this summer
evening in Vantaa, a beloved public
building that with its strict design provides a space for the local community.

Translation: Jane Bemont

1
Juha Leiviskä, cited in: *Architecture and
Urbanism* (April 1995), 13.

het ritme van het exact ontworpen orthogonale interieur van overwegend wit geverfde houten latten.

Het interieur is een op de milimeter gecomponeerd spel van licht en latten. Iedere hoek is anders, iedere bank en iedere kast zijn ontworpen zonder dat de ruimte als samenhangend geheel verloren is gegaan. Het is bekend dat Leiviskä zich verbonden voelde met de uitgangspunten van De Stijl. Hier lijkt een timmerman zijn ultieme droom te hebben waargemaakt, zo precies en zorgvuldig hangt de orthogonale lattenstructuur samen met de inval van het licht. Als *finishing touch* hangen de ook door Leiviskä ontworpen verlichtingsarmaturen als vuurvliegjes in de ruimte, een precieze choreographie volgend.

Een dag later, tijdens het interview, zegt Pallasmaa over Leiviskä: 'Zijn werk is wonderbaarlijk muzikaal, je hóórt de ruimte. Het ritme van de muren en van het licht is werkelijk prachtig in zijn meeste werk.' De zorgvuldigheid die Pallasmaa beschrijft kan ook als strengheid worden ervaren. Een strengheid die gezag uitstraalt en die voelbaar is wanneer je het gebouw binnengaat: in dit gebouw gelden precieze regels.

Wanneer we het werk van Leiviskä aan Peter Zumthor voorleggen, ziet hij een tegenstelling: 'Juha Leiviskä – en trouwens veel Finse architecten met hem – zijn met vorm bezig. Hun vorm is sterk en licht, ze haten zwaarte. Mijn werk is zwaar.' De lichtheid van het gebouw betekent echter niet dat het gebouw niet aardt of niet is ingebed in zijn omgeving. Leiviskä zei hier in 1995 zelf over: 'Gebouwen, ook hun interieurs en details, moeten een organisch geheel vormen met hun omgeving. Willen ze als architectuur kwalificeren, dan hebben ze deel aan het drama van die omgeving, haar beweging en ruimtelijke sequensen. Een gebouw dat ergens staat als "een stuk architectuur" is niets in mijn ogen. Zijn betekenis zit in de contrapuntische relatie met de omgeving, met het leven en het licht.'[1] Dat is wat we ervaren op die zomeravond in Vantaa, een publiek gebouw dat met zijn strenge vormgeving dierbare ruimte geeft aan de lokale gemeenschap.

1
Juha Leiviskä in: *Architecture and Urbanism* (april 1995), 13.

Myyrmäki kerk

het klimt, dit licht, het zingt
zoals ik zittend in een trein
het ritme van passerende
sloten, hekken, lijnen volg
alsof ik ren, spring, hordeloop
zo zit ik op een houten bank
in wit en stil terwijl
mijn lichaam klimt
mijn ogen volgt langs witte latten
klauterend de ruimte in:
stap, trede, rand, lat,
dan stemmen spreken, zingen
buitelend over elkaar de
ruimte tussen lijnen in
en klaterend de stilte:
het klimt, dit licht, het zingt.

it climbs, this light, it sings
as if I follow, sitting in a train
the rhythm of passing
ditches, fences, furrows in fields
as if I run, jump, hurdle
I am sitting on this wooden bench
in white and silence while
my body climbs up, following
my eyes along white battens
clambering over seats and walls
ledge, rim, ridge, lath
while voices start to speak and sing
they tumble, somersault
they dwell between the lines
and splatter into silence:
it climbs, this light, it sings.

Vincent Kompier

Het zware en
het licht

St Agneskerk, Berlijn-Kreuzberg, 1967,
Werner Düttmann

Het is een nietszeggende straat, de
Alexandrinenstrasse, in een nietszeggende buurt in Kreuzberg. Alles straalt hier
uit: wij zijn gewoon. Gewoon gemaakt
en gewoon gebleven: de straat, de stoep,
de gebouwen. De stad zoals in de traditionele zin als een plek van drukte, lawaai,
afwisseling en spanning ontbreekt hier
volkomen. Hier staat de St Agneskerk uit
1967, ontworpen door architect Werner
Düttmann. Vroeger ging men hier naar
de kerk, nu is het een kunstcluster in
wording.
 Om de kerk heen liggen losse
woonblokjes in gemeentegroen. Niets
herinnert aan de drukke Oranienburger
Strasse, de bekendste toeristenstraat van
Kreuzberg met zijn vele oriëntaalse cafés
en restaurants, nog geen 3 minuten hier
vandaan. Hier in de Alexandrinenstrasse,
waar de schaduw van de Berlijnse muur
nooit ver weg is, hebben zowel Oost- als
West-Berlijn ten tijde van de gedeelde
stad hun best gedaan voor de wedstrijd
'buitenwijk bouwen'. Inmiddels staat de
kerk in het geografisch middelpunt van
het hedendaagse, ongedeelde Berlijn. De
eenvormige bouwblokken in naoorlogse
modernistische stijl lijken allemaal in
een doornroosjeslaap sinds oplevering:
de schoolgebouwen, de woonblokken en
zelfs het groen. Maar de St Agneskerk
niet meer; St Agnes geeft identiteit,
het is een bruut betonnen baken voor
de buurt.
 Aan de straat scheidt een halfhoog
betonnen muurtje de openbare stoep van
de kerktuin. Langslopende voetgangers
kunnen een blik over het muurtje werpen
om dan de verborgen tuin te zien liggen. In
de rommelige tuin staat een hok van gaas.
Het gaas is gevouwen in de vorm van een
huis met een puntdak. In het hok huist een
Vlaamse reus. Het konijnenhok met de
archetypische vorm vormt een groot contrast met het modernistische en brutalistische St Agnescomplex, de voormalige
kerk met de pastoorswoning, de sacristie,
de toren en het kinderdagverblijf.
 De pastorie en het kinderdagverblijf
scharen zich rondom de allesover-
heersende betonnen toren. De toren is de
tegenhanger van het Hochhaus an der
Weberwiese, het blakende lichtpunt van
architect Hermann Henselmann uit 1952.
Dat was het eerste product van het nationale Aufbauprogramm Berlin dat de
DDR in 1951 opstartte. Deze woontoren
in socialistisch-classistische stijl diende

als voorbeeld voor de rest van de bebou-
wing aan de Stalin- (later: Karl-Marx-)
Allee. Dit werd benadrukt door de bijna
glazen bovenkant die licht uitstraalde.
Als motten naar het licht kwamen de
Berlijners op dit succesgebouw af. De
oorlog was voorbij, de toekomst straalde.
Maar dat doet de toren van St Agnes
allesbehalve.
 Hemelsbreed 5 kilometer van de
St.-Agneskirche vandaan staat bij het
Naturpark Schöneberger Südgelände op
een muur geschreven: 'Die Kunst ist der
nächste Nachbar der Wildnis.' ('Kunst
is de naaste buur van de wildernis'). Een
uitspraak van de Duitse geograaf en pla-
noloog Karl Ganser, bekend als directeur
van IBA Emscher Park, daar waar natuur langzamerhand de oude industriële
gebouwen overneemt. Voor St Agnes
geldt dat niet; hier is niets aan het toeval
of de natuur overgelaten. Ronde vormen
ontbreken, rechte hoeken benadrukken
de ongenaakbaarheid. Zoals de zware
rechthoekige granieten platen met butsen
en gaten waar het complex mee omgeven
is; deze zijn gemaakt van Berlijnse oer-
stoeptegels die hier zijn hergebruikt om
het complex met de Berlijnse grond te
verbinden.
 Waar veel godshuizen een vreem-
de, maar succesvolle combinatie kennen
van imponeren en uitnodigen ontbreekt
deze laatste component bij St Agnes
totaal. Brutaal, beton, bunker zijn
associaties die het complex oproept.
Overduidelijk is hier, zoals op veel plekken in de stad, de Tweede Wereldoorlog
nog steeds pregnant aanwezig. Bij een
snelle blik doet het complex niet onder
voor menige bovengrondse bunker die
het Berlijnse straatbeeld 68 jaar na dato
nog steeds bepaalt.
 Maar overdag is hij dreigender
dan in de avond en nacht. Dan krijgt de
betonnen kolos door het strijklicht langs
het ruwe spuitbeton bijna iets aaibaars.
Het spuitbeton op de toren eindigt
na een inspringing in een volledig glad
betonnen blok als een dobbelsteen op
de toren. De spuitstucgevel heeft die
typisch Berlijnse grijs/grauw/groene
kleur. Boven de inspringing heeft de gevel
van het blok nog maar één tint: be-
tongrijs. Hoe grijs en grauw de gevel ook
is, ze nodigt vreemd genoeg uit om aange-
raakt te worden. Na het aanraken is de
behoefte om het gebouw te betreden niet
meer te beheersen. Is het binnen net zo
hoogmoedig en ontoegankelijk als het
buiten doet lijken? De suggestie dat hier
een volledig massief betonnen gebouw
staat moet onderzocht worden.
 Want de verrassing zit aan de
binnenkant. Daar, in de kerkzaal, opent
St Agnes zich. En wel op magistrale
wijze. Wie via de zware houten deuren
de kerkzaal betreedt, valt vanzelf stil. Om
niet-traditionele reden: waar klassieke en

Vincent Kompier

The Heavy and the Light

St Agnes Church, Berlin-Kreuzberg, 1967, Werner Düttmann

A nondescript street in a nondescript neighbourhood in Berlin's Kreuzberg district. Everything here has an ordinary look. Built in the ordinary way and still ordinary: the street, the pavements, the buildings. The traditional sense of a city as a place of activity, noise, variety and tension is totally lacking on this spot. This is the location of the St Agnes Church, designed by architect Werner Düttmann and built in 1967. People used to go to church here; now it is an art cluster in the making.

Around the church lie individual housing blocks surrounded by municipal greenery. There is nothing to suggest that the busy Oranienburger Strasse, the most famous of Kreuzberg's tourist streets with its many oriental cafés and restaurants, is no more than three minutes away. Here in the Alexandrinenstrasse, where the shadow of the Berlin Wall is never far off, East and West Berlin both did their best during the time of the divided city to compete at 'suburb-building'. And now the church stands in the geographical centre of today's undivided Berlin. Since the reunification, the uniform blocks of buildings in post-war modernist style all seem to have been slumbering like Sleeping Beauty: the school buildings, the housing blocks, even the greenery. But not the St Agnes anymore. St Agnes provides identity; it is a severe concrete beacon for the neighbourhood.

On the street side, a wall separates the public pavement from the private quarters. Pedestrians can look over this concrete wall, and when they do, they can see the garden that is hidden behind it. Standing in the disorderly garden is a hutch made of wire mesh, folded into the shape of a house with a peaked roof. This provides accommodation for a Belgian hare. With its archetypical shape, the rabbit hutch forms a great contrast to the modernist and brutalist St Agnes complex, comprised of the former church with its presbytery, sacristy, tower and day nursery.

The presbytery and the day nursery are clustered around an overpowering concrete tower. The tower is the counterpart to the Hochhaus an der Weberwiese, the shining ray of hope designed by architect Hermann Henselmann in 1952. That was the first product of the National Berlin Construction Programme initiated by the German Democratic Republic

(DDR) in 1951. This residential tower in socialist-classicist style served as an example for the rest of the buildings on the Stalin (later, Karl Marx) Avenue. This was emphasised by its almost glasslike upper section that radiated light. Like moths to a flame, Berliners were drawn to this successful building. The war was over, a bright future was shining. But the tower of St Agnes does anything but that.

Five kilometres from the St. Agnes Church as the crow flies, near the Schöneberger Südgelände Nature Park, these words are written on a wall: 'Art Is Wilderness's Closest Neighbour.' This is a statement by German geographer and urban and rural planner Karl Ganser, known as the director of the IBA Emscher Park, where nature is slowly taking over old industrial buildings. That is definitely not the case with St Agnes. Nothing has been left to chance or to nature here. Round forms are lacking, right angles emphasise inaccessibility – such as the heavy rectangular granite plates with indentations and holes that surround the complex. The plates are

oude kerken imponeren met hoogte, de schoonheid van de decoraties, het gekleurde glas-in-lood of de hoeveelheid levensechte religieuze beelden doet St Agnes het tegenovergestelde. Hij imponeert met leegte, en licht.

Dat licht komt uit lichtspleten die zich zowel in het dak als op een paar plekken in de zijwanden bevinden. De spleten zijn niet groot, zeker niet ten opzichte van het grote oppervlak van de betonnen wanden en het dak. Het licht wordt langs de ruwe, grijze wanden op een prachtige manier naar beneden geleid. Juist in de beperking van de lichttoetreding langs het absorberende beton ligt de kracht; het licht dat binnenkomt krijgt alle aandacht. Het is bijna tastbaar en te ruiken. De kerkruimte heeft mooie verhoudingen: 15 m hoog, 35 m lang. Naast de theatrale ruimte liggen aan weerszijden twee ruimten die gemarkeerd worden door baksteen in plaats van spuitbeton. Bakstenen uit een vorig leven; het zijn de stenen van gebouwen die hier gestaan hebben en weggebombardeerd zijn. De stenen zijn hergebruikt om de kerk op te bouwen.

Het beperkte licht, dat van opzij en van boven komt, geeft de ruimte een sacrale sfeer. Daar verwelkomt de kophouten vloer het licht. 'Geraffineerde pathos' wordt de sfeer in de pers genoemd.[1]

In deze lege ruimte, met alleen het licht, wordt de kracht van leegte meer dan duidelijk. Een bijna spirituele energie. Ook al ontbreken orgel en biechtstoel, dit licht doet zelfs de meest ongelovige even in het hogere gaan geloven. Binnenin de hoge ruimte hangt een betonnen balkon. Vanaf dit hooggelegen balkon is de ruimte nog beter te overzien en is het alsof je als bezoeker onderdeel wordt van de zee van licht. Een gebouw dat de banaliteit van de alledaagsheid met één simpel middel doet vergeten: licht. De beschermheilige Agnes staat paraat voor verloofde paren, kuisheid, jonge meisjes en maagden. Na de brutalistische verschijning buiten toont het interieur de ware aard van St Agnes: na de duisternis, het zware, het ploeteren door het dagelijks leven wordt de bezoeker beloond met datgene waar de mens niet buiten kan: het licht.

1
Hanno Rauterberg, 'Von allen guten Geistern verlassen', ZEIT online (2004).

made of old Berlin paving stones that were reused here in order to link the complex with the terrain of Berlin.

While many houses of God embody a strange but successful combination of being simultaneously imposing and inviting, the latter is totally lacking with St Agnes. 'Brutalist, concrete, bunker' are the associations the complex evokes. It is patently obvious that here, like so many places in this city, the Second World War is still very much present. At a quick glance, the complex can hold its own with many an aboveground bunker that, 68 years after the fact, still determines the streetscape of Berlin.

But St Agnes is more ominous during the daytime than in the evening and at night, when the floodlights that shine on its rough poured surfaces give the concrete colossus an almost caressable look. The poured concrete of the tower first enters a recess and then turns into a completely smooth concrete block, like a dice on top of the tower. The façade has that typical Berlin drab, grey-greenish colour. Above the recess, the façade of the block has only one shade: concrete grey. Strangely enough, no matter how drab and grey the façade is, it invites one to touch it. After touching it, one's urge to enter the building can no longer be contained. Is it just as arrogant and inaccessible on the inside as it appears to be on the outside? The suggestion that a completely massive concrete building is standing here simply has to be investigated.

Because the surprise is on the inside. There, in the church hall, St Agnes opens itself up – in masterly fashion. Anyone who enters the church through the heavy wooden doors automatically falls silent. Not for the traditional reasons: whereas classical and old churches are impressive because of their height, the beauty of their decorations, their coloured stained-glass windows or their amount of lifelike religious images, St Agnes does the opposite. It is impressive because of its emptiness and its light.

The light comes from slit windows located both in the roof and at several places on the side walls. The slits are not large, certainly not in relation to the large surface of the concrete walls and the roof. The light is led along the rough grey walls in a splendid fashion. The limitation of the light's entrance along the absorbing concrete is precisely its power; the light that comes in receives all the attention. It is almost tangible, can almost be sniffed. The church space has beautiful proportions: 15 m high, 35 m long. Flanking this theatrical space on both sides are two spaces demarcated by brick instead of poured concrete. The bricks had a previous life; they come from bombed-out buildings that once stood here, and were reused to build the church.

The limited light, coming from the side and from above, gives the space a sacral atmosphere. The end-grain wooden floor welcomes the light. 'Sophisticated pathos',[1] the atmosphere was called in the press. In this empty space, with only the light, the power of emptiness is abundantly clear. It is almost a spiritual energy. The lack of an organ or confessional notwithstanding, this light makes even the most nonbeliever momentarily believe in higher things. Hanging within the high church hall is a concrete balcony. From this highly situated balcony, the visitor has a better view of the entire space, and it's as if one becomes part of the sea of light. This is a building that banishes the banalities of everyday life with one simple means: light. St Agnes is the patroness of engaged couples, chastity, young girls and virgins. After the brutalist appearance of the building's exterior, the interior shows the true nature of St Agnes: after the darkness, the difficulties of life, the plodding through the daily grind, the visitor is rewarded with what we cannot do without: light.

Translation: Jane Bemont

1
Hanno Rauterberg, 'Von allen guten Geistern verlassen', ZEIT online (2004).

Maria Barnas

Het weifelende huis

1 Ik zocht een rustige hoek om te schrijven.
   Niet omdat er hier geen rust is. De kalmte is zo koel
   als een meer zo diep dat ik er nog niet aan ben toegekomen

   ik kom er op terug zodra ik een hoek vind in dit gebouw
   dat mijn blik rond laat dwalen en in ellipsen dwingt
   terwijl de kerk blokvormig is behalve in het licht

   dat neerdaalt alsof het de hemel zelf is
   die hier wasemend draalt en overal is het licht
   het zachte uitwaaierende licht als gefluister

   langs de ruwe wanden van gespoten beton
   grotesk en barok van structuur en zo uitgestrekt
   dat er toch vlaktes ontstaan.

   Met het verstrijken van licht zijn de wanden als water
   die steeds anders zonlicht reflecteren.
   Ik zou willen dat er hier geen mensen waren

   die spreken over het inzetten van vouwwanden of gordijnen
   omdat hun stemmen door de ruimte galopperen en stoten
   tegen de galmende wanden en de rust hinnikend breken.

2 Ik kan ze niet op een kleur betrappen. De wanden zijn zacht
   wanneer er wolken dagen en als rotsen die zeewater poreus
   maakte. Als je je oor er tegenaan legt hoor je de fijnste

   schelpen kraken onder het gewicht van wereld en water.
   Ze staan op een fundament van bakstenen
   die uit gebombardeerde huizen werden gesleept

   en het gebouw ademt. Tot een vrouwenlach schril
   volume geeft aan de holle kerk alsof haar woorden blind
   de wanden aftasten. In een holte achter de wanden

   zie ik dat deze niet veel dikker zijn dan een hand
   van gaas en cement. Is dit een gebouw?
   De wanden zoeken houvast in mij.

3 Ik wil niet weten dat kunstenaars die hier tentoonstellingen
   gaan maken alleen de vloer en het plafond kunnen gebruiken.
   Een spijker in de muur zou de toren in elkaar doen klappen.

   Drie gaten in de wand herinneren aan het kruis
   dat hier eens hing. Ik probeer er geen ogen in te zien.
   Ik probeer geen ogen te zien in de vloer

   van onregelmatige blokjes met jaarringen van bomen
   die precies niet op elkaar aansluiten en zo een verstoord
   patroon van statische golven vormen.

   Is het wel veilig hier?
   Het lege huis. Het luide huis
   waarin ik kubieke meters niets bewaar.

Maria Barnas

Translation: Donald Gardner

The House of Doubt

1   I looked for a peaceful corner to write in.
Not because there isn't any peace here. The calm is as cold
as a lake that's so deep I'm not yet able for it

I'll come back to it once I've found a corner in this building
that allows my gaze to roam around and forces it into ellipses
even though the church is shaped like a block except in this light

that descends as though it is the sky itself
which lingers here wavering and everywhere there is this light
gently fanning out, like a whisper

along the rough walls of poured concrete
grotesque and baroque in structure and so ample
that flat surfaces are created after all.

With the passing of light the walls are like water
reflecting sunlight differently.
I would prefer it without people here

talking about installing folding partitions or curtains
because their voices gallop through the space and crash
against the echoing walls, disturbing the peace with their whinny.

2   I can't pin them down to any one colour. The walls are soft
when clouds move past and like rocks the sea has made
porous. With your ear up close you hear delicate shells

crunching under the weight of world and water.
They are built on a foundation of bricks
that were salvaged from bombed-out houses

and the building breathes. Until a woman's laugh
gives shrill volume to the hollow church as if her words blindly
grope their way along the walls. In a cavity behind them

I see they are not much thicker than a hand's breadth
of cement and wire meshing. Is this a building?
The walls look to me for support

3   I don't want to know that artists planning exhibitions here
will only be able to use the floor and the ceiling.
A nail hammered into the wall would cause the tower to collapse.

Three holes in the wall recall the cross
that once hung here. I try not to see any eyes.
I try not to see any eyes in the floor

with its irregular squares of growth rings of trees
that don't quite match exactly
making a disrupted pattern of static waves.

Is it really safe here?
The empty house. The loud house
in which I cling to cubic metres of nothing.

Hans Teerds

'Super Limen'

Woongebouw de Kolenkit,
Amsterdam, Bos en Lommer, 2012,
korth tielens architecten

De dichte deur zwaait open. Een man duwt een bakfiets naar buiten, zwart met een bruin frame. Er staat een lachende zon op de zijkant geschilderd. In de bakfiets kijkt een hondje nieuwsgierig om zich heen. Zwarte kraaloogjes achter een licht spits neusje. De man laat de deur achter zich dicht vallen, zet aan en fietst weg. Even verderop in een voortuin, onder een ruim balkon, haalt een oudere vrouw een doekje over de tuintafel. Ze wappert het doekje uit boven de lage heg, zet een stoel recht, en glipt weer naar binnen.

We staan in de Kolenkitbuurt, Bos en Lommer, Amsterdam, op het punt naar binnen te gaan in een nieuw woongebouw met sociale huurwoningen, ouderenwoningen en woningen voor minder validen. Het wordt door de architecten, korth tielens, eenvoudigweg *Kolenkit* genoemd. Het is nog vroeg op een mooie dag in september, met net dat andere licht dat de herfst zo bijzonder maakt. Rechts van de deur waar zojuist de bakfiets naar buiten kwam een groot raam, waarachter nog meer fietsen te zien zijn. Daarnaast een bellenplateau, opnieuw een deur, nu van glas, en daarnaast weer zo'n grote glazen pui. Iemand doet voor ons open. Als we de deur opentrekken, voelen we hoe een dranger tegendruk geeft. We stappen naar binnen, de donkere tegels op. Langgerekte tegels, ze meten de ruimte in de breedte. Rechts kunnen we door een raam langs de gevel kijken, onder ver overstekende, ruime balkons door. Dynamiek van massa. De vrouw komt juist weer naar buiten en gaat op de stoel zitten. Ze kijkt ons aan. We groeten.

Er gebeurt iets met je, schrijven de architecten Robert McCarter en Juhani Pallasmaa in hun boek *Understanding Architecture*, als je een ruimte binnen stapt. 'Er vindt een onmiddellijke en onbewuste projectie, identificatie en uitwisseling plaats: we veroveren de ruimte en de ruimte vestigt zich in ons. We bevatten de ruimte door onze zintuigen, we meten haar met onze lichamen en bewegingen.'[1] Vooral waar je van buiten naar binnen stapt, of van binnen naar buiten; het is het belangrijkste moment in de architectuur. Niet voor niets zijn de drempel en de deur, de smalle begaanbare lijn tussen binnen en buiten, tussen privé en openbaar, geladen met betekenissen. De muur mag dan door Robert Venturi in zijn *Complexity and Contradiction in Architecture* gezien worden als

architectonisch evenement,[2] de drempel en de deur overstijgen dat evenement.[3] Architectonisch ontwerpen is immers, méér nog dan vormgeven aan ruimte, het scheidingmaken tussen ruimten, en het geven van een plaats, structuur en orde aan de dingen. Alleen door die scheiding, door die muur, ontstaat de ruimte, ontstaat een plaats, met zijn eigen ruimtelijke conditie.[4] Als het de muur is die de spanning tussen het private en het publieke, tussen binnen en buiten opvangt en in zichzelf verenigt, dan wordt dit pas echt zichtbaar in het raam, en voelbaar in de deur. Daar op de drempel en in de beweging van de deur balt de essentie van het hele architectonische bouwwerk samen. Daar is niet alleen de grens doorboord, maar wordt hij ook toegankelijk; daar kan hij overschreden worden, botsen de condities op elkaar, zonder dat er materie is die hen kan opvangen. Die overgang maakt mogelijk wat de mens, volgens de filosofe Hannah Arendt, tot mens maakt: thuis komen én aan de wereld verschijnen. Geen leven kan volledig op straat geleefd worden, of het vervaagt langzaam. Maar wie binnen blijft verpietert ook.[5] De veiligheid van het huis en het verblindende licht van buiten hebben elkaar nodig, zijn onlosmakelijk met elkaar verbonden, via de deur en de drempel. Wie naar buiten stapt wordt bekeken, bevraagd, gewogen; wie naar binnen stapt kan de maskers laten vallen.

Deze 'entree' is niet slechts een mentaal moment tussen ons private en publieke leven, het is meer basaal: een fysiek en fysiologisch overgangsmoment. De ogen moeten even knipperen, het geluid verandert, ook de geur. Met de deurklink nog in de hand, op de tast naar een lichtknop, reikend naar de brievenbus, het uitdoen van een jas, het wegzetten van een tas. Alle zintuigen staan op scherp. Eerdere ervaringen komen boven, herinneringen, vastgelegd in ons lichaam. 'Wij projecteren onze lichamelijke afmetingen, onze persoonlijke herinneringen en associaties in de ruimte; de ruimte verlengt de ervaring via onze lichamen voorbij de huid. De fysieke ruimte en onze mentale ruimte versmelten,' vervolgen McCarter en Pallasmaa het eerder aangehaalde citaat.[6] We tasten de ruimte af, fysiek, fysiologisch en mentaal. We nemen de ruimte de maat en proeven de sfeer. In één gewaarwording dringt de ruimte zich aan ons op, en door de ruimte heen de werkelijkheid van de hele wereld.[7]

Maar hoe zit dat in een collectief woongebouw, zoals hier in de Kolenkit? Le Corbusier benadrukte het belang van de vestibule, omdat die ruimte biedt om even de onrust van de straat en de drukte van de wereld van je af te schudden en deze niet mee te nemen in het eigen huis, dat kleine rustpunt in de woelige wereld.[8] De vestibule vertraagt de overgang van

1
Robert McCarter en Juhani Pallasmaa, *Understanding Architecture*: *A Primer on Architecture as Experience* (Londen: Phaidon Press Limited, 2012), 14.
2
'(...) de muur – het moment van verandering wordt een architectonisch evenement.' in: Robert Venturi, *Complexity and Contradiction in Architecture* (New York: The Museum of Modern Art Papers on Architecture, 1977 [1966]), 86.
3
Zie ook: Georg Simmel, 'Bridge and Door', in: Neil Leach, *Rethinking Architecture, A Reader in Cultural Theory* (Londen: Routledge, 1997).
4
Bart Verschaffel, *Van Hermes en Hestia, Teksten over architectuur* (Gent: A&S/ Books, 2006), 125.
5
Hannah Arendt, *The Human Condition* (Chicago: University of Chicago Press, 1989 [1958]), 71.
6
McCarter and Pallasmaa, *Understanding Architecture*, op. cit. (noot 1), 14.
7
Hannah Arendt, *The Life of the Mind* (New York: Harcourt Inc., 1978), 50.

Hans Teerds

'Super Limen'

The Kolenkit residential building,
Bos en Lommer, Amsterdam 2012,
korth tielens architecten

The closed door swings open. A man rolls
a carrier bike outside, black with a brown
frame. A smiling sun is painted on its side.
Sitting in the carrier box is a little dog
who glances around curiously. Black
beady eyes and a light, pointy little nose.
The man lets the door fall shut behind him,
steps on the bike and rides away. A little
further on, in a front garden beneath a
spacious balcony, an older woman wipes
off a garden table with a cloth. She shakes
out the cloth over a low hedge, straightens
a chair, and slips back inside.

We are in the Kolenkit neighbourhood of the Bos en Lommer district in
Amsterdam, about to enter a new residential building featuring social housing,
dwellings for seniors and dwellings for
the disabled. The architect, korth tielens,
has simply named it *Kolenkit*. It's still
early on a beautiful day in September,
with that slightly different light that makes
the autumn season so special. To the right
of the door through which the carrier

bike just came is a large window, behind
which one can see more bicycles. Next to
that is a bell plaque, again a door, this
time a glass one, and then another large
window. Someone buzzes us in. As we
pull open the door, we can feel a door-
closer exerting counter pressure. We step
inside onto the dark tiles. Long horizontal tiles measure the space in its breadth.
Through a window to the right we can
look along the façade beneath spacious
balconies that jut far out from the wall.
The dynamics of mass. The woman comes
back outside again and sits down on the
chair. She looks at us. We wave.

Something happens to you, write
architects Robert McCarter and Juhani
Pallasmaa in their book *Understanding
Architecture*, when you step inside a space.
'An immediate unconscious projection,
identification and exchange takes place;
we occupy the space and the space settles
in us. We grasp the space through our
senses and we measure it with our bodies
and movements.'[1] Even more so when
you move from outdoors to indoors,
or from indoors to outdoors. This is the
most important moment in architecture.
Not without reason do we have the
threshold and the door, that narrow,
crossable line between indoors and outdoors, between private and public loaded
with meanings. Robert Venturi may

1
Robert McCarter and Juhani Pallasmaa,
*Understanding Architecture: A Primer
on Architecture as Experience* (London:
Phaidon Press Limited, 2012), 14.

binnen naar buiten en rekt de ervaring op. Hij voegt het collectieve in: van privé naar publiek via het collectief, en vice versa. Dit is geen trapportaal, geen entreehal, dit is een vestibule. Wie weet heeft van de kleine portalen die gebruikelijk waren in de naoorlogse woningbouw, standaard in Bos en Lommer, ademt hier verlicht. De ruimte voelt genereus en tegelijkertijd, door de donker gestucte wanden, intiem. Licht valt naar binnen en naar beneden, door de voorpui, een raam in de achterpui en van boven. In de verte is, door het raam en het belendende blok heen, een glimp van een andere straat te zien. Voor wie doorloopt ontvouwt zich langzaam een blik op de binnentuin. Een betonnen trap wentelt zich naar boven, krult door de ruimte naar de galerijen toe om boven zwevend uit te komen. Verspringende ramen, klein en heel groot, brengen het licht tot diep in de ruimte, laat het door de vides vallen, tot beneden op de tegelvloer. Het strijkt langs de donkere wanden, licht de hoeken op. Er is niets te horen, anders dan onze stemmen en stappen. Zelfs de lift houdt zich stil.

De Nederlandse filosoof Cornelis Verhoeven wijst in zijn bespiegelingen over de drempel op het Romeinse woord voor drempel: 'limen'. 'Sublimis', dat 'verheven' betekent, zou stammen van 'super limen' en zo dus verband houden met die stap over de drempel.[9] Subliem: dat moet de ervaring zijn van de stap over de drempel, vanuit het eigen domein de wereld in, de verschijning in het publieke. En vice versa, thuiskomen. Subliem, dat is: ervaringen voorbij de grens. De drempel en de deur symboliseren dat, geven daar ruimte aan en mogelijkheden toe. Het oprekken van die ervaring is hier in de Kolenkit de essentie van de overgangen, en daarmee van de architectuur. In de Kolenkit worden drempel en deur opgerekt tot vestibule, genereus en intiem, én tot zone tussen huis en straat, met zijn balkonsculptuur voor de bovenwoningen, en op ooghoogte de krachtige nissen, voortuintjes en de afscheidingen van gemetselde muren en hagen, het net iets vooruitgeschoven entreeportaal, waardoor je van binnenuit langs de gevel kijken kan. Het is de grens, een lijn, die ruimte wordt.

Super limen. Verheven ruimte.

8

Stanley Abercrombie, *A Philosophy of Interior Design* (New York: Harper&Row Publishers, 1990), 10.

9

Cornelis Verhoeven, 'Stilstaan bij de drempel', in: Jacques De Visscher, *Over de drempel, Van architectonisch minimum tot symbolisch maximum* (Best/Leuven: Uitgeverij Damon/ Kritak, 1998), 20.

consider the wall an architectural event in his *Complexity and Contradiction in Architecture*,[2] but the threshold and the door go beyond that event.[3] After all, the designing of architecture is more than just giving form to space, it is making divisions between spaces and giving place, structure and order to things. Of course it is only by means of that division – the wall – that the space, the place, is created, with a spatial condition of its own.[4] But if it is the wall that receives and unites within itself the tension between the private and the public, between indoors and outdoors, this only really becomes visible in the window, and felt in the door. There, on the threshold and in the movement of the door, the essence of the entire architectural construction is concentrated. Not only is the boundary penetrated there, but it also becomes accessible, can be crossed. This is where the conditions of indoors and outdoors collide, without there being any material to intercept that collision. That crossing makes it possible for humans to be human, according to philosopher Hannah Arendt: coming home as well as going out into the world. No life can be lived totally on the streets, without it gradually falling apart. But a person who remains indoors also fades away.[5] The safety and security of the home and the blinding light of the outside world need each other, are inseparably connected by the door and the threshold. A person who steps outdoors is watched, questioned, weighed; a person who steps indoors can drop the mask.

This 'entrance' is not just a mental moment of transition between our private and public lives, it is also something more basic: a physical and physiological moment of transition. Our eyes have to blink momentarily; the sound changes, as do the smells. Still holding the doorknob in one hand, we grope for the light switch, look for the mail, take off a jacket, put away a bag. All of our senses are alert. Earlier experiences, memories stored in our bodies, come to the fore. 'We project our body scheme, personal memories and meanings into the space; the space extends the experience of our bodies beyond our skin, and the physical space and our mental spaces fuse with each other,' according to McCarter and Pallasmaa.[6] We feel out the space, physically, physiologically and mentally. We take its measure and taste the atmosphere. In a single perception, the space impresses itself upon us, and through that space, the reality of the entire world.[7]

But how does that work in a collective residential building, such as here in the Kolenkit? Le Corbusier emphasised the importance of the vestibule, because it gives you a chance to shake off the commotion of the outside world for a few moments and not have to take it into your own home, that small haven in the busy world.[8] The vestibule slows down the transition from indoors to outdoors and extends the experience. It inserts the collective: moving from private to public through the collective, and vice versa. This is not a stairway landing, not an entrance hall, this is a vestibule. For anyone familiar with the small halls that were common in post-war housing – which is standard in Bos en Lommer – this is a breath of relief. The space feels generous and at the same time intimate because of the dark stuccoed walls. Light falls inside through the front façade, a window in the back façade and from above. Through the window and past the adjoining block you have a glimpse of another street in the distance. If you walk on, a view of the courtyard gradually unfolds. A concrete stairway runs upward, curving through the space to the galleries above and floating in the air at the top. Staggered windows, small and very large, bring light deep into the space, letting it fall through the vides onto the tile floor. It skims over the dark walls, lights up the corners. There is nothing to be heard, apart from our voices and footsteps. Even the lift is silent.

In his reflections on the threshold, Dutch philosopher Cornelis Verhoeven discusses the Roman word for threshold, 'limen'. According to him, 'sublimis', which means 'exalted', derives from 'super limen' and thus has a connection with the step over the threshold.[9] 'Sublime' is what the experience of stepping over the threshold must be, moving from one's own domain into the world, going out into public space – and vice versa, coming home. Sublime is the experience beyond the edge. The threshold and the door symbolise this, give it space and possibilities. Here in the Kolenkit, the extension of that experience is the essence of the transitions, and thereby of the architecture. In the Kolenkit, threshold and door have been extended into vestibule, generous and intimate, and into zone between home and street, with its balcony sculpture for the dwellings above, and at eye level the strong recesses, front gardens and the partitions of brickwork and hedges, the slightly jutting entrance portal, through which you can look along the façade from the inside. It is the boundary, a line, that becomes space.

Super limen. Exalted space.

Translation: Jane Bemont

2
'. . . the wall – the point of change – becomes an architectural event.' Robert Venturi, *Complexity and Contradiction in Architecture* (New York: The Museum of Modern Art Papers on Architecture, 1977 [1966]), 86.
3
See also Georg Simmel, 'Bridge and Door', in: Neil Leach, *Rethinking Architecture, A Reader in Cultural Theory* (London: Routledge, 1997).
4
Bart Verschaffel, *Van Hermes en Hestia, Teksten over architectuur* (Gent: A&S/Books, 2006), 125.
5
Arendt, *The Human Condition* (Chicago: University of Chicago Press, 1989 [1958]), 71.
6
McCarter and Pallasmaa, op. cit., (note 1), 14.
7
Hannah Arendt, *The Life of the Mind* (New York: Harcourt Inc., 1978), 50.
8
Stanley Abercrombie, *A Philosophy of Interior Design* (New York: Harper&Row Publishers, 1990), 10.
9
Cornelis Verhoeven, 'Stilstaan bij de drempel', in: Jacques De Visscher, *Over de drempel, Van architectonisch minimum tot symbolisch maximum* (Best/Leuven: Uitgeverij Damon/Kritak, 1998), 20.Uitgeverij Damon/Kritak, 1998), 20.

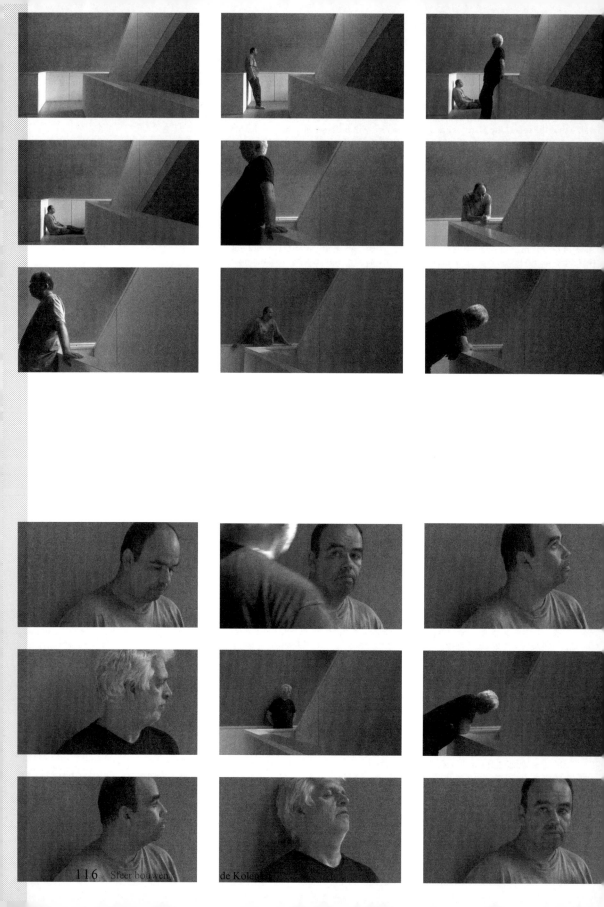

De redactie van *OASE* heeft filmmaker Nanouk Leopold en beeldend kunstenaar Daan Emmen gevraagd te reageren op de collectieve ruimte in het woongebouw in de Kolenkitbuurt in Amsterdam ontworpen door korth tielens architecten. Hun bijdrage bestaat uit een beeldmontage van 27 videostills en een online presentatie op www.leopoldemmen.nl / oase91 en www.oasejournal.nl / 91

Opnames voor dit werk zijn gemaakt in het trappenhuis / entreehal van het appartementencomplex aan de Leeuwendalersweg 623 - 667 in de Kolenkitbuurt in Amsterdam West.

Leopold Emmen, 2013

OASE asked filmmaker Nanouk Leopold and visual artist Daan Emmen to react on the collective space in a social housing block in the Kolenkitarea in Amsterdam by korth tielens architecten. Their contribution consists of a montage of 27 videostlls and an online presentation, www.leopoldemmen.nl/oase91 en www.oasejournal.nl/91

The recordings are made in the stairways and entrance hall of the appartmentbuilding, Leeuwendalersweg 623 - 667 in the Kolenkitarea in Amsterdam West.

Leopold Emmen, 2013

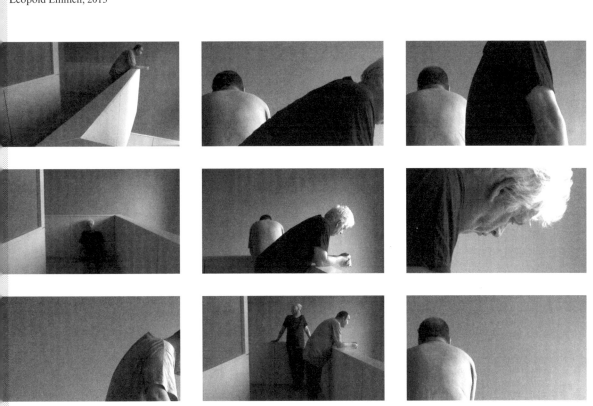

Christophe Van Gerrewey

Een menselijke relatie met steen en cement

Stadshal, Gent, België, 2012,
Robbrecht Daem Architecten i.s.m.
Marie-José van Hee

De vraag naar wat mensen van een gebouw mogen verwachten, valt niet voor eens en altijd te beantwoorden, al is het maar omdat hun onderlinge relaties voortdurend veranderen. Toch roept al eeuwenlang vooral het eigen huis de meest intense emoties en projecties op: een klein groepje mensen is erg gehecht aan één stukje architectuur, dat ze niet zo vaak met anderen delen. De relatie tussen huis en de bewoners is bijna libidineus: affecten worden uitgewisseld, investeringen bevestigd, zorg aangeboden – het gaat dus om liefde. In het korte verhaal 'Een huis in Spanje' schrijft J.M. Coetzee over een zuiders buitenverblijf: 'Waar het verrassend genoeg op neerkomt, is dat hij een relatie met dat huis (…) wil, hoe absurd het idee van een menselijke relatie met steen en cement ook mag zijn. Omwille van die relatie met dat huis en de geschiedenis ervan en het dorp als geheel (…) in ruil voor die relatie is hij bereid het huis te behandelen zoals je een vrouw behandelt, aandacht besteden aan haar behoeften en zelfs aan haar grillen, geld voor haar uitgeven, haar troostend door slechte tijden loodsen, haar aardig behandelen.'
Wie zich erbij heeft neergelegd ergens te blijven – een besluit dat altijd wordt ingegeven door de aan- of afwezigheid van geliefden, familieleden, vrienden – zo iemand belandt tijdens het wonen in een huis in de paradoxale weegschaal van de liefde: initieel uit eigenbelang wordt aandacht en attentie geschonken (door onderhoud, inrichting of verfraaiing), wat terugkeert als vertrouwelijkheid, permanentie en schoonheid. En natuurlijk wordt deze band sterker – en moeilijker te verbreken – naarmate het wonen duurt. Ik vraag me af of die sfeer van geven en nemen (in andere omstandigheden, op een andere plaats) met vreemden gedeeld kan worden. Kan liefde van en voor een gebouw een gemeenschappelijke zaak zijn? Kan ook een openbaar gebouw nog veel voor een groep mensen betekenen? Er is geen betere plek om over die vraag na te denken dan onder, in, naast, achter of voor de Stadshal in Gent van Robbrecht Daem Architecten en Marie-José van Hee.
Het valt te verwachten dat liefde voor een publiek gebouw te maken heeft met nut en functionaliteit. Dat

programma kan om het even wat zijn, behalve wonen. Van een huis houden we, omdat we er zelf centraal staan, eerder dan een activiteit – alles is uitgerust voor de grote hoeveelheid werkwoorden waar de mens zich als onderwerp voor kan zetten. (Die huiselijke activiteiten blijven overigens in aantal toenemen: er bestaan nu ook thuisbioscopen; alles kan langs het internet worden gekocht; dankzij spelcomputers kun je binnenskamers tennissen; en ook het kleinste appartement heeft een eigen composthoop.) Het huis is dus een plek voor weinig mensen, maar voor veel activiteiten. Het publieke gebouw is het omgekeerde: een ruimte waar één activiteit voor vele mensen wordt georganiseerd – een bibliotheek, een museum, een school, een winkelcentrum of een zwembad. Terwijl je steeds meer kunt doen in een woning, kun je met steeds minder mensen iets samen doen in een publieke ruimte. Dat is een probleem: mensen zijn zo talrijk en verschillend geworden, ook binnen de grenzen van één stad, dat ze zich slechts met strikt gelijkgestemden kunnen ophouden zonder dat er ergernis of onenigheid ontstaat. Ook dan is vredevol succes niet gegarandeerd, want zelfs al zwemmen mensen voorbeeld graag – toch botsen ze, bijvoorbeeld omdat de een baantjes trekt, de ander babbelend aan de rand van het zwembad hangt, terwijl sommigen het eigen lichaam als een kanonskogel zo diep en verrassend mogelijk in het water schieten. Voor alles wat in het publieke domein gebeurt, zijn er daarom strikte (maar meestal onuitgesproken) regels nodig: dresscodes, lifestyles, muziekgenres, leesgewoonten, omgangscodes, circulatiepatronen, tafelmanieren en dialecten. Dit heeft tot gevolg dat een publieke activiteit een vertrouwde extensie wordt van de domestieke leefwereld; en anderzijds zorgt het ervoor dat wat in een stad (of 'buitenshuis') plaatsgrijpt, altijd bevolkingsgroepen uitsluit die niet 'passen' bij het evenement.
Deze Stadshal is anders. Het gebouw is (bij mijn weten) een uitvinding, en tegelijkertijd een bewijs van de stelling dat er maar één bezigheid is die veel verschillende mensen nog samen kunnen beoefenen, ongestoord, zonder ontevredenheid, vanzelfsprekend – en dat is: even nietsdoen, bijvoorbeeld door onderweg te zijn. De Stadshal vormt daarvoor het beste decor. Het kan niet anders of dat heeft te maken met de sfeer die het gebouw opwekt. Sfeer – volgens het woordenboek 'een denkbeeldig gebied waar bepaalde geestelijke waarden thuishoren'. De zone die door de Stadshal wordt gecreëerd is allesbehalve denkbeeldig: het gebied bestaat enerzijds uit een geëffend en geplaveid maaiveld, en anderzijds uit het gedeelte van deze oppervlakte dat is overdekt door een langwerpig en

Christophe Van Gerrewey

A Human Relationship with Stone and Mortar

Stadshal, Ghent, Belgium, 2012,
Robbrecht Daem Architecten with
Marie-José van Hee

The question of what people may expect
of a building cannot be answered once
and for all, if only because the relationship between the two is always changing.
But for some centuries now, the home has
tended to evoke the most intense emotions
and projections: a small group of people
is extremely attached to a single piece
of architecture, one they rarely share with
others. In fact, the relationship between
the home and its occupants is almost
libidinous: affections are exchanged, in-
vestments made, care lavished. This is, in
a word, love. In the short story 'A House
in Spain' J.M. Coetzee writes about a
southern villa: 'What it comes down to,
astonishingly, is that he wants a relationship with this house . . . however absurd
the idea of a human relationship with
stone and mortar might be. For the sake
of that relationship, with this house and
its history and the village as a whole . . .
in return for that relationship he is pre-
pared to treat the house as one treats a
woman, paying attention to her needs
and even her quirks, spending money on
her, soothing her through her bad times,
treating her with kindness.'

For those who have decided to lay
down roots somewhere – a decision that
is always prompted by the presence or
absence of loved ones, relatives, friends
– for them, living in a house introduces
the paradoxical balance of love: out of
initial self-interest, care and attention are
lavished (through maintenance, decora-
tion, home improvements), which is
then paid back in the form of familiarity,
permanence and beauty. And needless
to say, this bond becomes stronger – and
harder to break – the longer one lives
there. I wonder if that atmosphere of give
and take (in different circumstances, in a
different place) can be shared with stran-
gers. Can love for and from a building be
a communal affair? Can a public building
mean a lot to a group of people? There is
no better place to ponder this question
than under, inside, next to, behind and in
front of the Stadshal in Ghent, designed
by Robbrecht Daem Architecten and
Marie-José van Hee.

One might expect love for a public
building to be associated with use and
functionality. Its programme can be anything, except dwelling. We love a house

because we, rather than an activity,
are at its centre. Everything in a house is
equipped for the many verbs to which
man can attach himself as a subject.
(And these domestic activities continue
to increase in number: there are now
home cinemas, all shopping can be done
on the Internet, games consoles allow
you to play tennis indoors and even the
smallest apartment now has its own
compost heap.)

This suggests that a house is a place
for a few people but for many activities,
whereas the opposite is true for the public
building: a space where a single activity is
laid on for a great number of people – a
library, a museum, a school, a shopping
centre or a swimming pool. Whereas you
can do more and more in a home, there
are now fewer and fewer people with
whom you can do something in a public
space. This is a problem: people have
become so numerous and diverse – even
within a single city – that to minimise the
risk of irritation or discord they can only
hang out with likeminded people. Not
that this guarantees success and freedom
from strife, because even when everybody
likes to swim, people will still collide,
because one is swimming lengths, another
chatting by the edge of the pool, and
some insist on catapulting their bodies
into the water. This is why everything that
happens in the public domain requires
strict (but usually unspoken) rules: dress
codes, lifestyles, music genres, reading
habits, codes of conduct, circulation pat-
terns, table manners and dialects. As a
consequence, a public activity becomes a
familiar extension of the domestic world.
At the same time, what takes place in a
city (or outside of the house) always ex-
cludes certain sections of the population
that do not 'fit' the event in question.

This Stadshal is different. As far as
I know, the building is innovative, while
also proving the hypothesis that there is
only one pastime that a lot of different
people can engage in *together* – in peace,
without frustration, quite naturally – and
that is doing nothing, for example by
being en route somewhere. The Stadshal
provides the perfect backdrop to this.
And no doubt this has to do with the
atmosphere of the building. According to
one dictionary definition, atmosphere is
'an imaginary area which is home to certain spiritual values'. The zone created
by the Stadshal is anything but imaginary:
the area consists of a levelled and paved
ground floor, part of which is covered by
an elongated and double gable roof that
rests on four sturdy columns. What does
it mean to swap – so simply, easily and
briefly – the open air for the constructed,
perforated, or rather plaited roof of a
building? What kind of experience is this?
(There are people, and I am one of them,
who will actually make a detour to

Photo / Foto: Frederik Sadones

dubbel puntdak, op vier stevige poten. Wat betekent het om – zo eenvoudig, licht en kortstondig – de blote hemel boven je hoofd te wisselen met het bewerkte, geperforeerde, of eerder geweven gewelf van een gebouw? Wat voor een ervaring is het? (Er zijn mensen, en ik ben een van hen, die een stukje omrijden om onder de Stadshal door te rijden, speciaal om de wisseling mee te maken, gedurende een paar ogenblikken.) Over de Italiaanse stad Lucca schrijft Theodor Adorno: 'De scheiding tussen de openlucht en alles waar een dak op zit wordt vergeten, alsof het leven zich zijn nomadische voortijd herinnert.' Hier gebeurt het omgekeerde: de scheiding wordt getheatraliseerd en geïntensiveerd, zodat in het publieke domein de geborgenheid van de enkeling zich heel kort mag manifesteren, en het stadsleven iets intiems krijgt. Toch is de Stadshal geen 'huis' dat geclaimd kan worden, of waar je lange tijd alleen kan verblijven. Er horen andere 'geestelijke waarden' thuis, die terug te brengen zijn tot de noemer Geschiedenis, omdat de Stadshal een duidelijke breuk met het historische stadsweefsel vormt, en er ondertussen toch op verschillende manieren – ruimtelijk, materieel, vormelijk – onophoudelijk mee converseert. Het gaat dus om zeer subtiele waarden: anonimiteit, gereserveerdheid en een stedelijke vorm van wederzijds respect. Misschien is een andere definitie voor 'sfeer' daarom gepaster: 'het geheel van eigenschappen van een situatie die de stemming van iemand kan bepalen'. De Stadshal is niet zomaar vriendelijk of gezellig: je wordt niet uitgenodigd om uitbundig jezelf te zijn of om je hobby's uit te oefenen. Stilte lijkt gepast (hoewel naar verluidt een passage ook onweerstaanbaar om een vocale test van de uitzonderlijke akoestiek kan vragen). Voor vele groepsactiviteiten hebben de omringende pleinen, noch het gebouw zelf, geschikte dimensies. Wat kan er dan wel gebeuren? De Stadshal herinnert aan dat oude, eerder middeleeuwse aspect van het stadsleven, van voor de komst van de vrije tijd, en van de entertainment- en cultuurindustrie: iedereen doet zijn eigen ding, gaat zijn gang, beredder de eigen zaken, circuits en contacten. En toch kunnen vele mensen net dit met elkaar delen. Het ware publieke domein is het gebied – de sfeer – waar afzonderlijke levenslijnen raken zonder elkaar te storen. Wat er gebeurt, is de opeenstapeling van talloze (mogelijke) gebeurtenissen, die anders ook zouden plaatsgrijpen, maar niet tegelijkertijd – en pas nu, dankzij dit gebouw, zichtbaar voor iedereen.

De vraag is misschien of daar architectuur voor nodig is. Koolhaas schrijft in 'Imaging nothingness': 'Where there is nothing, everything is possible. Where there is architecture, nothing (else) is possible.' De Stadshal maakt zeker dingen onmogelijk, en vele activiteiten minstens moeilijk. Dat blijkt bijvoorbeeld in de zomer van 2013 wanneer het gebouw voor het eerst tijdens de Gentse Feesten wordt overspoeld. Ieder jaar, in juli, wordt dit volksfestival georganiseerd in de Gentse binnenstad, tien dagen lang, en met meer dan een miljoen bezoekers. Het feestcomité eigent zich de Stadshal toe en vormt die om tot een concertzaaltje (voor 'retro swingmuziek'), met een afgesloten voorkant (en een podium en een kijkrichting). Het gebouw wordt omringd door talloze rijen eetkraampjes, bierpompen en toiletten; de zichtlijnen worden zonder uitzondering afgeknipt, en de banken rondom verwijderd. Dit contrast – je zou het misbruik kunnen noemen – toont hoezeer de Stadshal er niet op uit is de uitzondering te vestigen of het evenement te accommoderen. Het omgekeerde is waar: het dagelijkse, saaie, zelden spectaculaire stadsleven, wordt even uit de regen gezet en van een voor het overige nutteloze versiering voorzien. Een 'gewoon', leeg plein – de afwezigheid van architectuur – zou daar niet in slagen: het moment zou voorbijgaan en alles zou mogelijk blijven, terwijl nu, rond en onder het gebouw, het heel gewone stadsleven – in theorie – aan de gang blijft, dankzij de kortstondige luister die het krijgt.

Het klinkt melig, en toch is het waar: de Stadshal is de enige plek in Gent waar iedereen welkom is, en waar niemand uit de toon valt. Dus ja, er valt van dit gebouw te houden, en het vestigt een menselijke relatie met steen en cement (en beton, glas en hout), precies omdat het de relaties tussen alle stedelingen (zonder uitzondering) zo vrij en ongedwongen begeleidt. Op de Poeljemarkt, op de licht gekromde banken die ruggelings bijna tegen het Stadhuis en de Armenkamer aan zijn gezet, kan die liefde samen met het uitzicht beleefd worden. Over het plein voor de San Michele in Lucca schrijft Adorno: 'Onbeschermd, alsof ze elk moment zou kunnen instorten, stak de lege façade van vier verdiepingen af tegen de grijsblauwe hemel. Opeens begreep ik waarom ze, zonder enige functie, in weerwil van elke architectonische wijsheid, zo mooi is. Zij toont haar eigen gebrek aan functionaliteit, claimt geen moment iets anders te zijn dan het ornament dat ze is. De naakte schijn is niet langer schijn: van schuld bevrijd.'

Bronnen
    Theodor W. Adorno, 'Memoriaal uit Lucca', in: *Zonder richtlijn / Parva aesthetica* (Amsterdam: Octavo publicaties, 2012), 119-123.
    J. M. Coetzee, *Een huis in Spanje / A House in Spain* (Amsterdam: Cossee, 2002).
    OMA / Rem Koolhaas, *S,M,L,XL* (Rotterdam: Uitgeverij 010, 1995), 199.

bicycle under the Stadshal, just so they can experience that switch for a few moments.) Writing about the Italian town of Lucca, Theodor Adorno observed: 'The distinction between the open air and everything with a roof on top is forgotten, as if life harks back to its nomadic prehistory.' What happens here is the opposite: the distinction is intensified and turned into something theatrical, so that the individual's sense of security manifests itself very briefly within the public domain, and urban life takes on an intimate character. And yet the Stadshal is not a 'house' that can be appropriated or where you can spend a long period of time by yourself. It is home to other 'spiritual values', which can be lumped together as History, because the Stadshal constitutes a clear break with the historic urban fabric, while at the same time engaging in dialogue with it in a number of ways – spatially, materially, formally. Its values are extremely subtle: anonymity, reserve and an urban form of mutual respect. Perhaps another definition of 'atmosphere' is more appropriate: 'all the qualities of a situation that may determine a person's mood.' The Stadshal is not simply nice and cosy: that is to say, you are not invited to be your bubbly self or to practise your hobbies here. Silence seems appropriate (although a vocal test of the exceptional acoustics is said to be quite irresistible). And for many group activities neither the building itself nor its surrounding squares have the right dimensions. Then what does this place lend itself to? The Stadshal reminds us of that old, almost medieval aspect of urban life, predating the advent of leisure time and the entertainment and culture industries: everybody goes about his own business, does his own thing and sees to his own affairs, economies and contacts. Yet this is precisely what many people can share with one another. The true public domain is the area – the sphere – where separate life lines touch without interfering with one another. What takes place is the accumulation of numerous (potential) events, which would take place anyway but not simultaneously – and only now, thanks to this building, are they visible to all.

Do we need architecture for this? In 'Imaging nothingness' Koolhaas writes: 'Where there is nothing, everything is possible. Where there is architecture, nothing (else) is possible.' To be sure, the Stadshal makes some things impossible, and many activities difficult at the very least. This became clear in the summer of 2013 when, for the first time, the building was overrun during the Gentse Feesten. This music and theatre festival takes place in the centre of Ghent for ten days in July every year, and attracts more than a million visitors. This year, the organising committee appropriated the Stadshal and transformed it into a small concert venue (for 'retro swing music'), with a closed-off front, a stage and a viewing direction. The building was surrounded by rows of food stalls, beer tents and toilets, while all the sight lines were cut off and the nearby benches removed. This contrast – you could call it misuse – shows just how much the Stadshal does not intend to be exceptional or to accommodate the event. The opposite is true: mundane, rarely spectacular urban life is given temporary shelter from the rain and is adorned with an otherwise useless embellishment. An 'ordinary', empty square – the absence of architecture – could not provide this: the moment would pass and everything would still be possible, whereas now, around and under the building, perfectly ordinary city life keeps going – at least in theory – thanks to the short-lived lustre it is given.

It sounds cheesy, and yet it is true: the Stadshal is the only place in Ghent where everybody is welcome, and where nobody looks out of place. So yes, this building can be loved, and it confirms the possibility of a human relationship with stone and mortar (and concrete, glass and timber), precisely because it complements the relationships between all urbanites (without exception) so freely and informally. On Poeljemarkt, on the gently curved benches whose backs almost touch the town hall and the Armenkamer, this love can be experienced in tandem with the view. Writing about Piazza San Michele in Lucca, Adorno noted: 'Unprotected, as if close to collapse, the plain four-storey façade is silhouetted against the grey-blue sky. Suddenly I understood why, even without function, and in the face of all architectural wisdom, it is so beautiful. It flaunts its lack of function, never claiming to be anything other than the ornament it is. This mere semblance is no longer semblance: freed from sin.'

Translation: Laura Vroomen

Sources
  Theodor W. Adorno, 'Daybook from Lucca', in: *Without Directive. Parva Aesthetica* (Amsterdam: Octavo, 2012), 119-123.
  J. M. Coetzee, *Een huis in Spanje / A House in Spain* (Amsterdam: Cossee, 2002).
  OMA / Rem Koolhaas, *S,M,L,XL* (Rotterdam: 010 Publishers, 1995), 199.

Biographies / Biografieën

Maria Barnas (b. 1973) is an author and visual artist who lives and works in Berlin and Amsterdam. Both in her written work – including novels, essays and poetry – and in her visual work, she focuses on how description shapes and distorts reality. She studied visual art at the Rietveld Academie and was a resident at the Rijksakademie in Amsterdam and The American Academy in Rome. Barnas was awarded the C. Buddingh'-Prize for her first collection of poetry *Twee Zonnen* (Two Suns, 2003) and has since published highly appraised collections, including *Er staat een stad op* (A City Rises, 2007) and *Jaja de oerknal* (Yesyes the Big Bang, 2013). In 2011 her collected observations on art and literature for *NRC Handelsblad* were published in *Fantastisch* (Fantastic). Barnas is currently doing research on visual essays, the first of which, 'On News Desks and Getting Lost', was presented at the Stedelijk Museum Amsterdam (2012).

Maria Barnas (1973) is schrijver en beeldend kunstenaar. Zij woont en werkt in Berlijn en Amsterdam. Zowel in haar geschreven (romans, essays, poezie) als in haar beeldend werk richt ze zich op de manier waarop de beschrijving de realiteit vormt – en vervormt. Barnas studeerde beeldende kunst aan de Rietveld Academie in Amsterdam en en was resident bij de Rijksakademie in Amsterdam en de American Academy in Rome. Barnas ontving de C. Buddingh'-prijs voor haar eerste dichtbundel *Twee Zonnen* (2003) en publiceerde sindsdien goed ontvangen bundels zoals *Er staat een stad op* (2007) en *Jaja de oerknal* (2013). In 2011 verscheen haar verzameling observaties voor *NRC Handelsblad* in *Fantastisch*. Momenteelis Barnas bezig met onderzoek naar beeldende essays. Een eerste proeve hiervan, 'On News Desks and Getting Lost', is gepresenteerd in het Stedelijk Museum Amsterdam (2012).

Mathieu Berteloot (b. 1977) is an architect and co-founder, with Heleen Hart, of Plaatform, a Lille-based office for architecture and urbanism. He trained as an architect at the École Nationale Superieure d'Architecture et de Paysage de Lille (ENSAPL) and worked among others at Christian de Portzamparc's office in Paris and on Rem Koolhaas's Mutations project for Arc en Rêve in Bordeaux. Mathieu Berteloot is an associate professor at ENSAP Lille where his teaching concentrates on contemporary urban forms and territorial questions.

Mathieu Berteloot (1977) is architect en mede-oprichter (met Heleen Hart) van Plaatform, een in Lille gevestigd bureau voor architectuur en stedenbouw. Hij is opgeleid als architect op de École Nationale Superieure d'Architecture et de Paysage de Lille (ENSAPL) en werkte onder meer bij het bureau van Christian de Portzamparc in Parijs en aan Rem Koolhaas' Mutations-project voor Arc-en-Rêve in Bordeaux. Mathieu Berteloot is associate hoofddocent aan ENSAP Lille, waar zijn onderwijs zich richt op hedendaagse stedelijke vorm en opgaven rondom het territorium.

Gernot Böhme (b. 1937) studied mathematics, physics and philosophy in Göttingen and Hamburg, followed by a PhD at Hamburg University in 1965 and a Habilitation at Ludwig-Maximilians-University Munich in 1972. He worked as a research scientist with Carl-Friedrich von Weizsäcker at the Max-Planck-Institute zur Erforschung der Lebensbedingungen der wissenschaftlich-technischen Welt at Starnberg 1970-1977. From 1977 to 2002 he was Professor of Philosophy at the Technical University Darmstadt. Since 2005 he has been the director of the Institute for Practical Philosophy in Darmstadt. His background and expertise comprises classical philosophy (in particular Plato and Kant), philosophy of science, theory of time, aesthetics, ethics and philosophical anthropology. His publications include *Architektur und Atmosphare* (2006).

Gernot Böhme (b. 1937) studeerde wiskunde, natuurkunde en filosofie in Göttingen en Hamburg, gevolgd door een PhD aan de universiteit van Hamburg (1965) en een Habilitation aan de Ludwig-Maximilians-Universität in München (1972). Hij werkte als onderzoeksassistent van Carl-Friedrich von Weizsäcker aan het Max-Planck-Instituut in Starnberg (1970-1977). Van 1977-2002 was hij hoogleraar filosofie aan de TU Darmstadt. Sinds 2005 is hij directeur van het Institute for Practical Philosophy in Darmstadt. Zijn achtergrond en expertise omvatten onder meer de klassieke filosofie (in het bijzonder Plato en Kant), wetenschapsfilosofie, theorie van de tijd, esthetiek en ethiek, en filosofische antropologie. Hij publiceerde onder meer *Architektur und Atmosphare* (2006).

Christophe Van Gerrewey is affiliated with the Faculty of Architecture and Urbanism of the University of Ghent, where he is working on a PhD on post-war architecture criticism. He is the co-editor of the publications of Geert Bekaert's collected essays. He writes stories, essays and criticism on subjects such as literature, the visual arts, theatre and architecture, in publications such as *DW B*, *De Witte Raaf*, *NRC Handelsblad*, *Streven*, *Metropolis M* and *Etcetera*, and in books such as *Ruskin, Rotterdam* and *Regen of niets*.

Christophe Van Gerrewey is verbonden aan de vakgroep Architectuur en Stedenbouw van de Universiteit Gent, waar hij een promotie voorbereidt over naoorlogse architectuurkritiek. Hij is co-redacteur van de verzamelde opstellen van Geert Bekaert. Hij schrijft verhalen, essays en kritieken over onderwerpen als literatuur, beeldende kunst, theater en architectuur, in publicaties als *DW B*, *De Witte Raaf*, *NRC Handelsblad*, *Streven*, *Metropolis M* en *Etcetera*, en in boeken als *Ruskin, Rotterdam* en *Regen of niets*.

Klaske Havik (b. 1975) is an architect and writer, employed as associate professor of Methods & Analysis at the Faculty of Architecture of Delft Unoversity of Technology. Her research focuses on the experience, use and imagination of architecture and the city. In her dissertation *Urban Literacy* (2012), she proposed a literary approach to architecture and urbanism. She writes regularly for journals in the Netherlands and Nordic countries and is an editor of *OASE*. With Tom Avermaete and Hans Teerds, she co-edited the anthology *Architectural Positions: Architecture, Modernity and the Public Sphere* (SUN 2009). As a practicing architect she was involved in the regeneration of the former ship wharf NDSM into a cultural breeding place. Her poems and stories have appeared in a number of literary books and magazines such as *Vanuit de Lucht* (*From the Sky*) (2011) and *DW B* (2012).

Klaske Havik (1975) is architect en schrijver, werkzaam als universitair hoofddocent Methoden & Analyse op de faculteit Bouwkunde in Delft. Haar onderzoek richt zich op de ervaring, het gebruik en de verbeelding van architectuur en stad. Haar proefschrift *Urban Literacy* (TU Delft, 2012) stelde een literaire benadering van architectuur en stedenbouw voor. Ze schrijft regelmatig voor architectuurtijdschriften in Nederland en de noordelijke landen, en is redacteur van het Nederlands-Vlaamse architectuurtijdschrift *OASE*. Als praktiserend architect was ze onder meer betrokken bij de herontwikkeling van de NDSM-scheepswerf tot culturele broedplaats. Gedichten en verhalen van Klaske Havik verschenen o.a. in *Vanuit de lucht* (Passage, 2001) en *DW B* (2012).

Vincent Kompier (b. 1967) is a researcher and author. In recent years he has been involved in research projects such as 'Ruimte voor de Tussenmaat' (Space for the In-between) and 'Sport in the City'. He also co-authored the book *Berlijn voor Gevorderden* (Berlin for the Advanced) Kompier lives and works in Amsterdam and Berlin.

Vincent Kompier (1967) is onderzoeker en publicist. Recentelijk heeft hij gewerkt aan de onderzoeken 'Ruimte voor de Tussenmaat' en 'Sport in the City'. Ook het boek *Berlijn voor Gevorderden* is mede van zijn hand. Kompier werkt en woont in Amsterdam en Berlijn.

Nanouk Leopold (b. 1968) / **Daan Emmen** (b. 1968) Leopold Emmen is a collaboration between filmmaker Nanouk Leopold and visual artist Daan Emmen. Their projects focus on the relation between film and spatial experiences and have an autonomous, sculptural approach. They have worked together since 2008.

Nanouk Leopold (1968) / **Daan Emmen** (1968) Leopold Emmen is een samenwerking tussen filmmaker Nanouk Leopold en beeldend kunstenaar Daan Emmen. Ze werken samen sinds 2008. Hun projecten richten zich op de relatie tussen film en ruimtelijke ervaring, en hebben een autonome, sculpturale benadering.

Juhani Pallasmaa (b. 1936) is a Finnish architect who plays an active role in the Finnish and international architectural debate. As a practicing architect, he was involved in the large urban project Kamppi in the inner city of Helsinki, the Sami museum in Inari and numerous projects from the scale of interior architecture and furniture to the design of public spaces. In the Finnish architectural scene, he has held important positions such as director of the Finnish Museum of Architecture (1978-1983) and as dean of the Faculty of Architecture, Helsinki University of Technology (1991-1997). of Pallasmaa's publications include: 'The Embodied Image' (*AD Primers*, London 2011), 'The Thinking Hand' (*AD primers*, London 2009), *Encounters: Essays by Juhani Pallasmaa* (Helsinki 2007), *The Architecture of Image. Existential Space in Cinema*, (Helsinki 2001); *The Eyes of the Skin. Architecture and the Senses*, (London 1996).

Juhani Pallasmaa (1936) is een Finse architect, die een actieve rol speelt in het Finse en internationale architectuurdebat. Als architect was hij verantwoordelijk voor vele projecten in Finland, waaronder de herinrichting van het stedelijk gebied Kamppi in Helsinki en het Sami museum in Inari. Hij ontwierp ook meubels en sculpturen. In de Finse architectuurwereld had Pallasmaa belangrijke posities onder meer als directeur van het museum voor Finse architectuur (1978-1983) en als decaan van de architectuurfaculteit in Helsinki (1991-1997). Hij heeft o.a. de volgende publicaties op zijn naam staan: 'The Embodied Image' (*AD Primers*, 2011), 'The Thinking Hand' (*AD Primers*, 2009), *Encounters: essays by Juhani Pallasmaa* (Helsinki 2007), *The Architecture of Image. Existential Space in Cinema* (Helsinki 2001) en *The Eyes of the Skin. Architecture and the Senses* (Londen 1996).

Véronique Patteeuw (b.1974) is an engineer-architect, writer and editor based in Brussels. She is currently associate professor at the Ecole Nationale Supérieure d'Architecture Lille and lectures at the ENSA Paris-Versailles. As co-founder of A16 – an editorial collective in Brussels – she co-curated the Belgian pavilion at the 10th Venice Biennale with the Brussels-based architecture firm Label Architecture. Since 2009 she is pursuing a doctoral research at the ENSA Paris-Malaquais exploring editorial practices in architecture. She is the academic editor of *OASE*.

Véronique Patteeuw (1974) is ingenieur-architect, schrijver en redacteur, gevestigd in Brussel. Ze is momenteel universitair hoofddocent aan de École Nationale Supérieure d'Architecture Lille en geeft les aan de ENSA Paris-Versailles. Als mede-oprichter van A16, een redactioneel collectief in Brussel, was ze mede-curator van het Belgische paviljoen op de 10e biënnale van Venetië (met het Brusselse bureau Label

Biographies / Biografieën

Architecture). Sinds 2009 werkt ze aan een proefschrift over de rol van kleine architectuurtijdschriften in het Frankrijk van de jaren1970 (aan ENSA Paris-Malaqais en KU Leuven). Patteeuw is de wetenschappelijk redacteur van *OASE*.

Hans Teerds (b. 1976) is an independent architect and urban designer in Amsterdam. He also works as a research fellow at the Faculty of Architecture of Delft University of Technology. In the fall of 2009 he was a Visiting Research Fellow at the Hannah Arendt Center for Ethical and Political Thinking of the Bard College in Annandale-on-Hudson (USA). With Tom Avermaete and Klaske Havik he published the anthology *Architectural Positions, Architecture, Modernity and the Public Sphere* (2009). He is a member of the programme commission of the Landscape Triennale 2011, an editor of *OASE*, and publishes regularly on architecture, urban design and landscape in various media.

Hans Teerds (1976) is zelfstandig architect en stedenbouwkundige te Amsterdam. Hij is daarnaast verbonden als onderzoeker aan de faculteit Bouwkunde van de TU Delft. In het najaar van 2009 was hij verbonden als Visiting Research Fellow aan het Hannah Arendt Center for Ethical and Political Thinking van het Bard College in Annandale-on-Hudson. Samen met Tom Avermaete en Klaske Havik publiceerde hij de anthologie *Architectural Positions, Architecture, Modernity and the Public Sphere* (2009). Hij is lid van de programmacommissie van de Landschap Triënnale 2011, lid van de redactie van *OASE* en schrijft regelmatig over architectuur, stedenbouw en landschap in diverse media.

Gus Tielens (b. 1971) is an architect and co-founder of korth tielens architecten in Amsterdam. The office works in the field of architecture, public space and infrastructure. She was trained at the Technical University of Berlin and Delft University of Technology. In 2006 korth tielens architects received the Prins Bernhard Cultural Funds' Charlotte Köhler Prize for architecture and in 2012 the Zuiderkerk Prize. Besides her work as an architect she works for various architecture and art schools and and is an editor of *OASE*.

Gus Tielens (1971) is architect en mede-oprichter van korth tielens architecten in Amsterdam. Het bureau is werkzaam in architectuur, publieke ruimte en infrastructuur. Ze is opgeleid aan de TU Berlijn en de TU Delft. In 2006 ontving het bureau de Charlotte Köhler prijs voor architectuur van het Prins Bernhard Cultuurfonds en in 2012 de Zuiderkerkprijs. Naast haar werk als architect is ze verbonden aan verschillende architectuur- en kunstopleidingen; ze is redacteur van het Nederlands-Vlaamse architectuurtijdschrift *OASE*.

Peter Zumthor (b. 1943) was trained as a cabinet maker at his father's shop. He trained as a designer and architect at the Kunstgewerbeschule Basel and at the Pratt Institute in New York. He established his own practice in 1979 in Haldenstein, Switzerland where he still works with a staff of 30. He was visiting professor at the University of Southern California Institute of Architecture and SCI-ARC in Los Angeles in 1988; at the Technische Universität, Munich in 1989; and at the Graduate School of Design, Harvard University in 1999. From 1996 to 2008 he was a professor at the Academy of Architecture, Universitá della Svizzera Italiana, Mendrisio. His many awards include the Heinrich Tessenow Medal, Technical University, Hanover (1989); Carlsberg Architectural Prize, Copenhagen (1998); Bündner Kulturpreis, Graubünden (1998); Mies van der Rohe Award for European Architecture, Barcelona (1998); the Spirit of Nature Wood Architecture Award, Wood in Culture Association, Finland (2006); Prix Meret Oppenheim, Federal Office of Culture, Switzerland (2006); Praemium Imperiale, Japan Art Association (2008); DAM Prize for Architecture in Germany (2008); The Pritzker Architecture Prize, The Hyatt Foundation (2009); and the Royal Gold Medal for Architecture (2013). His publications include *Thinking Architecture* and *Atmospheres.*

Peter Zumthor (1943) leerde het vak van meubelmaker in zijn vaders werkplaats. Hij werd opgeleid als ontwerper/architect aan de Kunstgewerbeschule Basel en het Pratt Institute in New York. In 1979 startte hij zijn praktijk in Haldenstein (Zwitserland), waar hij nog steeds werkt binnen een bureau met ongeveer 30 mensen. Hij was *visiting professor* aan de University of Southern California / Institute of Architecture en SCI-ARC in Los Angeles (1988). Voorts aan de TU München (1989) en de Graduate School of Design / Harvard University (1999). Van 1996 tot 2008 had hij een professoraat aan de Academy of Architecture / Universitá della Svizzera Italiana, Mendrisio. Hij kreeg verschillende architectuurprijzen / eerbewijzen waaronder de Heinrich Tessenow Medal / Technical University, Hannover (1989); de Carlsberg Architectuurprijs, Kopenhagen (1998); de Bündner Kulturpreis, Graubünden (1998); de Mies van der Rohe Award for European Architecture, Barcelona (1998); de Spirit of Nature Wood Architecture Award / Wood in Culture Association, Finland (2006); de Prix Meret Oppenheim / Federal Office of Culture, Switzerland (2006), de Praemium Imperiale / Japan Art Association (2008); de DAM Prize for Architecture in Germany (2008); de Pritzker Architecture Prize / The Hyatt Foundation (2009); en de Royal Gold Medal for Architecture (2013). Hij publiceerde o.a. *Thinking Architecture* en *Atmospheres.*

Gernot Böhme
Atmosphere as Mindful Physical Presence in Space

This contribution by German philosopher Gernot Böhme is a shortened version of the chapter 'Leibliche Anwesenheit im Raum' from his book *Architektur und Atmosphäre* (2006). Based on Wölfflin, Schmarsow and Endell, Böhme shows that already in the nineteenth century, art historians showed interest in the physical experience of space. Böhme discusses the concept of sensitivity in relation to physical presence, and argues that atmospheres are central to understand the relationship between spatial characteristics and conscious physical presence in space. He then distinguishes three groups of atmospheres, each which comes with its own 'generators' of atmospheres. Böhme concludes by arguing that the attention for atmospheres will open up a new level of creative potential for architecture.

Gernot Böhme
Sfeer als bewuste fysieke aanwezigheid in de ruimte

Deze bijdrage van de Duitse filosoof Gernot Böhme is een verkorte versie van het hoofdstuk 'Leibliche Anwesenheit im Raum' uit het boek *Architektur und Atmosphäre* (2006). Böhme toont aan de hand van Wölfflin , Schmarsow en Endell dat er al aan het eind van de negentiende eeuw aandacht was voor de fysieke ervaring van ruimte. Böhme gaat nader in op het aspect 'bevindelijkheid' (het zich ergens fysiek bevinden) en de beleving van ruimtelijke structuren. Hij stelt dat sfeer een cruciaal begrip is om de relatie tussen ruimtelijke factoren en de bewuste fysieke aanwezigheid in een ruimte te kunnen duiden. Hij onderscheidt vervolgens drie groepen sferen, die elk hun eigen 'sfeergeneratoren' kennen. Ten slotte stelt Böhme dat aandacht voor sfeer een nieuw creatief potentieel biedt voor de architectuur.

Juhani Pallasmaa / Klaske Havik and Gus Tielens
Atmosphere, Compassion and Embodied Experience

In this interview with *OASE* Juhani Pallasmaa discusses how atmospheres are constructed in, for instance, painting, literature and music, adjoining professional fields that, according to him, also reveal the essences of the field of architecture. Concerning the role of the architect, Pallasmaa identifies a need for a certain balance between naivety and expertise to develop a sensibility for atmospheres. Pallasmaa argues that atmosphere is immediately experienced as a unity, in which all senses are simultaneously at work. The experience of atmospheric quality in architecture, then, is by definition an embodied experience. However, since architecture is subject to use, atmosphere is by no means a merely individual task. Pallasmaa notes, moreover, that it is crucial for architects to empathise with users, clients and other perceivers of architecture, no matter how anonymous or distant they may seem. He thus considers, next to embodiment, compassion as a necessary skill for architects to be able to build atmosphere.

Juhani Pallasmaa / Klaske Havik en Gus Tielens
Sfeer, mededogen en belichaamde ervaring

In dit interview met *OASE* vertelt Juhani Pallasmaa hoe sfeer geconstrueerd wordt, bijvoorbeeld in schilderijen, literatuur en muziek, verwante professionele vakgebieden die volgens hem veel van de essentie van architectuur laten zien. Met betrekking tot de rol van de architect stelt Pallasmaa de noodzaak voor een bepaalde balans tussen naïviteit en expertise om gevoeligheid voor sfeer te ontwikkelen. Pallasmaa stelt dat sfeer ervaren wordt als een eenheid, waarin alle zintuigen gelijktijdig aan het werk zijn. De beleving van de sferische kwaliteit in architectuur is daarom per definitie een lichamelijke ervaring. Niettemin is architectuur onderworpen aan gebruik en is sfeer daarom in geen geval uitsluitend een

individuele aangelegenheid van de architect. Pallasmaa benadrukt dat het voor architecten cruciaal is empathie op te brengen voor gebruikers, opdrachtgevers en andere waarnemers van architectuur, hoe anoniem of onzichtbaar ze mogen lijken. Hij beschouwt, naast de fysieke, zintuiglijke waarneming, mededogen als noodzakelijk talent voor architecten die sfeer willen bouwen.

Juhani Pallasmaa
Orchestrating Architecture

Following his experiences of a lengthy stay at the Taliesin West Complex in the Sonora Desert in Arizona, Juhani Pallsamaa investigates aspects of atmosphere in the work of architect Frank Lloyd Wright. An atmospheric space engages all our senses, invites us to participate in space, states Pallasmaa. Architecture does that in an absolute manner and therefore atmosphere can be understood as the most comprehensive architectural value. In turn, the human sensitivity to atmosphere very well can be seen as his sixth sense: he measures space unintentionally and unaware. For Wright, atmosphere meant the embedding of human life in landscape and space. His architecture, and specifically the materiality of his architecture, offers structure, support and intimacy to daily life. His qualities as a designer are what enabled him to unite these three aspects, life, material and landscape. Or better said: his ability to orchestrate these three aspects.

Juhani Pallasmaa
Het orkestreren van architectuur

Aan de hand van zijn ervaringen na een langdurig verblijf in het Taliesin West complex in de Sonora Woestijn in Arizona (VS) onderzoekt Juhani Pallasmaa de sferische aspecten van de architectuur van Frank Lloyd Wright. Een sfeervolle ruimte spreekt al onze zintuigen aan en maakt dat we deelnemen aan deze ruimte, stelt Pallasmaa, op een alomvattende manier. Sfeer kan daarom gezien worden als de meest omvattende architectonische waarde. In zijn architectuur op haar beurt wordt door Pallasmaa het zesde zintuig genoemd: onwillekeurig en onbewust tast de mens de ruimte af. Voor Wright betekent sfeer het inbedden van het menselijk leven in het landschap en de ruimte. Zijn architectuur, vooral de materialiteit ervan, biedt structuur, steun en intimiteit aan het dagelijks leven. Het is de kwaliteit van Wright dat hij deze drie aspecten – leven, materiaal, landschap – bijeen weet te brengen. Beter gezegd: te orkestreren.

Peter Zumthor / Klaske Havik and Gus Tielens
Concentrated Confidence

In this interview with *OASE*, the modus operandi of architect Peter Zumthor is discussed on the basis of a view behind the scenes of his daily practice. The transcription of this visit describes how themes such as landscape, character, materiality and reality guide the building of atmosphere in his projects. It becomes clear that these themes are not conceptually approached and discussed: rather, they are embedded in the way of making. Models play a prominent role in this making. The visit to the atelier in Haldenstein is portrayed in an anecdotic mode, offering the reader a close, almost participatory view of the way atmospheres are built in the Zumthor office.

Peter Zumthor / Klaske Havik en Gus Tielens
Geconcentreerd vertrouwen

In dit interview met *OASE* wordt de werkwijze van architect Peter Zumthor besproken aan de hand van een blik achter de schermen van zijn dagelijkse praktijk. De weergave van dit bezoek beschrijft hoe thema's als landschap, karakter, materialiteit en realiteit richting geven aan het bouwen van sfeer in Zumthor's projecten. Het wordt duidelijk dat deze thema's niet conceptueel benaderd en bediscussieerd worden, eerder zijn ze verankerd in de manier van het maken. Maquettes spelen een prominente rol in dit maakproces. Het bezoek aan het atelier in Haldenstein

(Zwitserland) is op een anekdotische manier geportretteerd, waardoor de lezer een intieme, bijna participerende kijk krijgt op de manier waarop sferen gebouwd worden in het bureau van Zumthor.

Mathieu Berteloot and Véronique Patteeuw
Form / Formless

Can we grasp the atmosphere of Peter Zumthor's work through his architectural models? And what do these reveal when read simultaneously with his buildings? Starting from this premise, Mathieu Berteloot and Véronique Patteeuw offer an alternative reading of the architect's work, going beyond the question of form and disorganising the architect's production. The models are central to Zumthor's practice and embody key architectural concepts regarding the relations of structure, space and landscape. Using Georges Bataille's concept of 'formless', the authors reveal how these models function as constructed realities: hollowed out, sculpted and assembled; enabling the simultaneity of form and its sublimation.

Mathieu Berteloot en Véronique Patteeuw
Vorm / vormeloos

Kunnen we de atmosfeer in het werk van Peter Zumthor benaderen aan de hand van zijn architectuurmaquettes? En wat tonen deze maquettes als we ze tegelijk met zijn gebouwen lezen? In hun bijdragen aan deze *OASE*, vertrekken Mathieu Berteloot en Véronique Patteeuw vanuit deze vragen. Maquettes spelen immers de hoofdrol in de praktijk van de Zwitserse architect; ze vormen de sleutelbegrippen tot zijn werk, door structuur, ruimte en landschap met elkaar te verbinden. Aan de hand van het concept 'vormeloos' van Georges Bataille, bieden de auteurs een alternatieve lezing. Ze gaan hierbij voorbij aan de kwestie van vorm, door de productie van de architect te herorganiseren en aan te tonen hoe deze maquettes gemaakt zijn als gebouwde realiteiten: uitgehold, gebeeldhouwd en geassembleerd. Maquettes die gelijktijdig vorm en zijn sublimatie geven.

Gernot Böhme
A Meeting of Atmospheres

Gernot Böhme investigates the meaning of the notion of atmosphere in the work of theoretician Pallasmaa and practicing architect Zumthor. What binds their approaches is the central role of the future user; a critical attitude towards modernism; a focus on other senses than the visual; and the plea for a dynamic reciprocity between detail and whole in the design process – as opposed to a linear process. Further, they share a great appreciation for craftsmanship. However, there are differences, too. While for Pallasmaa 'embodied image' is a central notion, Zumthor's emphasis is on materiality. As a critical remark, Böhme states that both architects have not fully explored the potential that the theme of atmosphere has to offer to architecture. While architects often focuses on mathematical space, Böhme claims that finally, it is the space of physical presence that matters.

Gernot Böhme
Een treffen van sferen

Gernot Böhme onderzoekt welke betekenis het begrip sfeer heeft voor de theoreticus Pallasmaa en de praktiserend architect Zumthor. Wat hen bindt, is de centrale rol van de toekomstige gebruiker; een kritische houding ten aanzien van het modernisme, de nadruk op andere zintuigen dan alleen de visuele en het pleiten voor een wisselwerking tussen deel en geheel in het ontwerpproces, in tegenstelling tot een lineair ontwerpproces. Daarnaast delen zij een grote waardering voor het ambachtelijke. Er zijn ook verschillen. Voor Pallasmaa is *embodied image* een centraal begrip, voor Zumthor is het materiaal. Böhme plaatst een kritische kanttekening door te stellen dat het potentieel voor de architectuur van het begrip sfeer nog niet ten volle wordt benut. De architect werkt namelijk vanuit de meetkundige ruimte, maar volgens Böhme gaat het uiteindelijk om de ruimte van lichamelijke aanwezigheid.

Gus Tielens
Rhythmic Space
In her article about Juha Leiviskä's Myyrmäki Church in Helsinki, Gus Tielens investigates the relationship between the public character of the building and the architectural ambitions of the project. Clearly, the design is influenced by music. Light and rhythm play a paramount role in this project. Juhani Pallasmaa proposed to present this church in this issue of *OASE*, since it represents a powerful way of building atmosphere. Peter Zumthor places the architectural features of the work in a broader, 'Nordic' perspective. The light and rhythmic character of the work is contrary to the heavy, grounded nature of his own work. The essay, in this way, sharpens the approaches of Zumthor en Pallasmaa vis-à-vis their own work and their understanding of atmosphere.

Gus Tielens
Ritmische ruimte
Gus Tielens gaat in haar beschrijving van de Myyrmäki kerk in Helsinki van Juha Leiviskä in op de betekenis van het publieke karakter van het gebouw in relatie tot de architectonische uitgangspunten. Het ontwerp is duidelijk beïnvloed door muziek. Licht en ritme spelen een belangrijke rol in het ontwerp. Het gebouw is door Juhani Pallasmaa aangedragen voor dit nummer van *OASE*, omdat hier het bouwen van atmosfeer op een krachtige manier naar voren komt. Peter Zumthor vertaalt de architectonische uitgangspunten van dit gebouw naar een breder, namelijk 'noordelijk' perspectief en ziet er een tegenstelling in ten opzichte van zijn werk: licht en ritmisch, waar Zumthor's werk zwaar is en verankerd. In het artikel leidt dit gegeven tot een aanscherping van Zumthor's en Pallasmaa's benadering ten aanzien van architectuur en het begrip sfeer.

Vincent Kompier
The Heavy and the Light
In a personal description, Vincent Kompier ponders on his fascination for the St Agnes church in Berlin designed by Werner Düttmann, describing the contrast between the inexpugnably concrete exterior and the almost soft interior, affected by light. While other, older sacral buildings tend to impress by means of their height, the beauty of ornament, stained glass, or the overwhelming presence of religious sculpture, the St Agnes church seems to do exactly the opposite. The church is impressive by means of emptiness, and light.

Vincent Kompier
Het zware en het licht
In een persoonlijke beschouwing beschrijft Vincent Kompier zijn fascinatie voor de St Agnes kerk van Werner Düttmann in Berlijn. Hij beschrijft het contrast tussen de ongenaakbare betonnen verschijning van buiten en het bijna zachte, sterk door licht geaffecteerde interieur. Waar klassieke en oude kerken imponeren met hoogte, de schoonheid van de decoraties, het gekleurde glas-in-lood of de hoeveelheid levensechte religieuze beelden doet St Agnes het tegenovergestelde. De kerk imponeert met leegte en licht.

Hans Teerds
'Super Limen'
Although only a narrow line between two spaces, the threshold is one of the most meaningful elements of architecture. At the threshold worlds come together, while the tensions between both sides become visible and accessible. This is specifically the case concerning the threshold that brings together and separates inside and outside, private and public. The housing complex the Kolenkit, designed by korth tielens architects, is characterised by an emphasis of this edge, this threshold between public and private. The sphere within and around the project is set through the design of the borders between street and home via hedges, gardens and expressive balconies, as well as via the entrance hall and its spatiality and intimacy – borders that become spaces in themselves, as Hans Teerds argues in this article.

Hans Teerds
'Super Limen'
Hoewel slechts een smalle lijn tussen twee ruimten, is de drempel een van de meest betekenisvolle elementen in de architectuur. Op de drempel komen werelden samen, wordt de spanning tussen beide zijden zichtbaar en begaanbaar. Dit is zeker het geval in de drempel die binnen en buiten, privé en openbaar uit elkaar houdt én bij elkaar brengt. In het appartementencomplex 'de Kolenkit' in Amsterdam van korth tielens architecten is die grens, die drempel tussen openbaar en privé, aangegrepen als karakteristiek van het project. De sfeer in en rondom het gebouw wordt bepaald door de omgang met de grens tussen straat en huis, via haag, voortuin en expressieve balkons én via de vestibule met zijn ruimtelijkheid en intimiteit – grenzen die ruimte worden, stelt Hans Teerds in dit artikel.

Christophe Van Gerrewey
A Human Relationship with Stone and Mortar
Is it possible to fall in love with a building? Christophe Van Gerrewey asks this in his contribution regarding the Stadshal in Ghent, a recent design by Robbrecht Daem Architecten in collaboration with Marie-José van Hee. A dwelling can rouse such feelings, since it's your home, you inhabit its space. But what about public space? The Stadshal is exceptional: it has no history and no programme, and doesn't refer to any type. And although the expectation is that it will create room and possibilities, according to Van Gerrewey it doesn't. It's actually in the way. It has an atmosphere that is not cosy at all. Nevertheless, he concludes that it is the only place in the city that is accessible to all, and where no one feels out of place. That is the capacity of this 'useless' architecture – the very reason to nonetheless love this building.

Christophe Van Gerrewey
Een menselijke relatie met steen en cement
Kan je van een publiek gebouw gaan houden? Deze uitdagende vraag stelt Christophe Van Gerrewey in zijn bijdrage over de Stadshal in Gent, een ontwerp van Robbrecht Daem Architecten in samenwerking met Marie-José van Hee. Van een woning kun je houden, omdat je ermee verbonden bent. Er thuis kan zijn. Maar hoe zit dat met de publieke ruimte? De Stadshal is bijzonder: het heeft historie noch programma. Er is geen type waarnaar het verwijst. En wat je zou verwachten, namelijk dat het ruimte en mogelijkheden schept, doet het volgens Van Gerrewey niet. Het staat vooral in de weg, en de sfeer is niet erg gezellig. Of uitnodigend. Toch concludeert hij dat het de enige plek is in de stad waar iedereen terecht kan, en niemand uit de toon valt. Dat is het vermogen van deze 'nutteloze' architectuur – de enige reden om toch van dit gebouw te kunnen houden.

Abstracts / Samenvattingen

Credits / Colofon

Independent Peer-Reviewed Journal for
Architecture, published by nai010 publishers for the
OASE Foundation / Onafhankelijk Peer-Reviewed
architectuurtijdschrift, uitgegeven door
nai010 uitgevers voor de stichting OASE

nai010 publishers / uitgevers
Tel +31 (0)10 2010133
Fax +31 (0)10 2010130
info@nai010.com
www.nai010.com
www.oasejournal.nl

ISSN 0169-6238
ISBN 978-94-6208-107-9

OASE
p/a D'Laine Camp
Prins Frederik Hendrikstraat 107
3051 ER Rotterdam
the Netherlands

Editors / Redactie
Tom Avermaete, David de Bruijn, Job Floris,
Christophe Van Gerrewey, Christoph Grafe,
Michiel Dehaene, Klaske Havik, Anne Holtrop,
Bruno Notteboom, Véronique Patteeuw,
Hans Teerds, Gus Tielens, Tom Vandeputte

Editors of this issue / Kernredactie
Klaske Havik, Gus Tielens, Hans Teerds

Managing editor / Redactiesecretaris
D'Laine Camp

Academic editor / Wetenschappelijk redacteur
Véronique Patteeuw

Members of the Board / Bestuursleden
Simon Franke, Klaske Havik, Dirk De Meyer,
Frits Palmboom, Véronique Patteeuw,
Christian Rapp, Bob van Reeth, Bart Reuser,
Pieter Uyttenhove

Associated Universities / Geassocieerde
universiteiten
Technische Universiteit Delft
Technische Universiteit Eindhoven
Katholieke Universiteit Leuven
Universiteit Gent

Academic Board / Wetenschappelijk comité
Umberto Barbieri
Christine Boyer
Maristella Casciato
Bernard Colenbrander
Adrian Forty
Philip Goad
André Loeckx
Michael Müller
Bart Verschaffel

Photo credits / Fotografie
Atelier Peter Zumthor & Partner
(p. 77, 91)
Klaske Havik
(p. 13, 14, 18, 19a, 19b, 20a, 67b, 71, 79, 80, 102, 104a)
Vincent Kompier (p. 107 – 109)
Luuk Kramer (p. 113 – 114)
Frederik Sadones (p. 120 – 121)
Gus Tielens
(p. 15, 16a, 17b, 19c, 20b, 20c, 33, 37, 41, 45, 48, 61,
63, 64, 67a, 68, 81, 104b)
Sebas Veldhuisen
(p. 16b, 17a, 72, 82, back cover / omslag achterkant)

Special thanks to / Met dank aan:
Theo Hauben, Laurens Jan ten Kate,
Mike Korth, Esma Moukhtar, Barbara Soldner en
Sebas Veldhuisen

Design / Vormgeving
Karel Martens & Aagje Martens,
Werkplaats Typografie, Arnhem

Copy editing / Tekstredactie
D'Laine Camp, Gerda ten Cate

Printing / Druk
Die Keure, Bruges / Brugge

Paper / Papier
100g Munken Polar Rough 1.4
300g Moorman Parelgrijskarton

Production / Projectleiding
Mehgan Bakhuizen & Barbera van Kooij,
nai010 publishers / uitgevers

Publisher / Uitgever
Eelco van Welie, nai010 publishers / uitgevers

Subscriptions and administration /
Abonnementenadministratie
Abonnementenland
P.O. Box 20
1910 AA Uitgeest
the Netherlands
Tel +31 (0)900 – ABOLAND
(0900-2265263 - € 0,10 p.m)
Fax +31 (0)251 310405
www.aboland.nl

Subscriptions / Abonnementen

OASE is published twice a year. For subscriptions
please contact the administration. You can fill in
the card included in this issue or subscribe by email,
info@nai010.com. Subscriptions are renewed automatically. If you wish to cancel, please inform the
administration in writing 4 weeks before the end of
the subscription period. Prices are subject to change.

OASE verschijnt twee keer per jaar. Recht op reduc-
tie hebben: studenten aan universiteiten en academies
van bouwkunst, houders van CJP. Abonnementen
worden stilzwijgend verlengd. Opzeggingen (uitsluitend schriftelijk) dienen 4 weken voor afloop van de
abonnementsperiode in het bezit te zijn van de ad-
ministratie. Prijswijzigingen voorbehouden.

Subscriptions in Europe / Abonnementen Europa
individuals / particulieren € 65
organisations / instellingen € 85
students / studenten € 50

Abonnementen in Nederland en België
particulieren € 55
instellingen € 80
studenten € 40

Subscriptions outside Europe / Abonnementen
buiten Europa
Individuals / particulieren, organisations /
instellingen, students / studenten € 95

This publication was made possible by the financial
support of / Deze publicatie is mede tot stand
gekomen met financiële steun van
Creative Industries Fund NL / Stimuleringsfonds
Creatieve Industrie, Rotterdam

**creative industries
fund NL**

**stimuleringsfonds
creatieve industrie**

nai010 publishers is an internationally orientated
publisher specialized in developing, producing
and distributing books on architecture, visual arts
and related disciplines. www.nai010.com

It was not possible to find all the copyright holders
of the illustrations used. Interested parties are re-
quested to contact nai010 publishers, Mauritsweg 23,
3012 JR Rotterdam, the Netherlands,
info@nai010.com

nai010 books are available internationally at selected bookstores and from the following distribu-
tion partners:

North, South and Central America - Artbook |
D.A.P., New York, USA, dap@dapinc.com

Germany, Austria, Italy, Spain, Portugal and
Greece - Coen Sligting Bookimport, Alkmaar,
the Netherlands, sligting@xs4all.nl

Rest of the world - Idea Books, Amsterdam,
the Netherlands, idea@ideabooks.nl

For general questions, please contact nai010
publishers directly at sales@nai010.com or visit our
website www.nai010.com for further information.

Niet alle rechthebbenden van de gebruikte illustra-
ties konden worden achterhaald. Belanghebbenden
wordt verzocht contact op te nemen met nai010
uitgevers, Mauritsweg 23, 3012 JR Rotterdam,
info@nai010.com

nai010 uitgevers is een internationaal georiënteerde
uitgever, gespecialiseerd in het ontwikkelen, pro-
duceren en distribueren van boeken over architectuur, beeldende kunst en verwante disciplines.
www.nai010.com

Voor informatie over verkoop en distributie in
Nederland en België, stuur een e-mail naar
sales@nai010.com of kijk op www.nai010.com.

Printed and bound in the EU